3030 English
듣기 4탄

3030 English 듣기 4탄

1판 1쇄 발행 2015. 7. 24.
1판 4쇄 발행 2019. 2. 11.

지은이 김지완·김영욱

발행인 고세규
편집 성화현 | 디자인 조명이
발행처 김영사
등록 1979년 5월 17일(제406-2003-036호)
주소 경기도 파주시 문발로 197(문발동) 우편번호 10881
전화 마케팅부 031)955-3100, 편집부 031)955-3250 | 팩스 031)955-3111

값은 뒤표지에 있습니다.
ISBN 978-89-349-7154-2 04740   978-89-349-7027-9(세트)

독자 의견 전화 031)955-3200
홈페이지 www.gimmyoung.com   카페 cafe.naver.com/gimmyoung
페이스북 facebook.com/gybooks   이메일 bestbook@gimmyoung.com

좋은 독자가 좋은 책을 만듭니다.
김영사는 독자 여러분의 의견에 항상 귀 기울이고 있습니다.

이 도서의 국립중앙도서관 출판시도서목록(CIP)은 서지정보유통지원시스템 홈페이지
(http://seoji.nl.go.kr)와 국가자료공동목록시스템(http://www.nl.go.kr/kolisnet)에서
이용하실 수 있습니다.(CIP제어번호 : CIP2015018072)

하루 30분씩 30일이면

뉴스가 들린다

3030 English
듣기 4탄

김지완 · 김영욱 지음

김영사

Hello

안녕하세요! 〈3030 English 듣기 시리즈〉의 저자 김지완, 김영욱입니다!

한번 이런 시나리오를 가정해봅시다.
여러분에게 한국어를 막 배우기 시작한 미국인 친구가 한 명 있습니다.
최근에 한국어 공부를 위해 한국어 청취 교재 '한국어로 9시 뉴스 듣기'를
한 권 구매했는데 막상 음원을 들어보니 성우의 발음은 너무 빨라 도저히
따라갈 수 없고, 연음 현상 때문에 단어와 단어는 뭉개져서 들리고, 또 뜻
을 알 수 없는 이상한 단어는 왜 이렇게 많느냐며…… 볼멘소리를 늘어
놓습니다. 어디서 많이 본 듯한 상황 아닌가요?

그동안 우리가 영어 청취를 하며 겪었던 모습과 비슷하지 않나요? 과연
이 한국어 왕초보 학습자의 문제점은 무엇일까요? 바로 자신의 수준에 비
해 너무 어려운 교재를 선택했다는 것입니다. 영어를 학습하는 대다수 왕
초보 학습자들도 이와 마찬가지입니다. 실제 자신의 영어 실력은 고려하
지 않고 의욕에 넘쳐 영어 청취를 시작해보겠다며 미국 성인들이 듣는 미
드 청취나 뉴스 청취를 교재로 덥석 선택한다면, 성공할 가능성이 과연
얼마나 될까요?

그래서 저는 왕초보 학습자들에게 항상 이렇게 조언합니다.
제대로 된 영어 청취를 하고 싶다면,
첫째, 성우의 발음이 분명하고,
둘째, 대화의 속도는 너무 빠르지 않으며,
셋째, 내용이 너무 어렵지 않은 일상 생활회화 수준의 교재를 선택하라.
다시 말해 자기 수준에 맞는 교재를 선택하라고 조언합니다.
물론 여기에 듣는 재미까지 더해진다면야 금상첨화겠죠?

이런 교재!!!

당장 영어 왕초보에게 권하고 싶은 청취 교재가 바로 〈3030 English〉 듣기 시리즈입니다.

흥미는 UP, 부담감과 지루함은 DOWN, 중학교 교과서 듣기로 시작해 고등학교 교과서 듣기를 넘어 영화 듣기와 뉴스 듣기까지, 기초부터 차근 차근 실력을 쌓고자 하는 분들을 위한 맞춤형 교재입니다.

리스닝을 단순히 소리를 듣는 연습이라고 생각하면 큰 오산입니다. 상대 방이 전달하고자 하는 내용을 이해하고 그 핵심을 간파하는 것이 진정한 리스닝 스킬입니다. 마치 사투리를 쓰는 사람과 대화할 때 상대방의 억양 이 아무리 억세고, 중간중간 지역 방언을 사용한다 할지라도 같은 한국인 이라면 상대방이 전달하고자 하는 요지를 이해할 수 있는 것처럼, 영어도 설사 내가 모르는 단어가 나오고, 원어민이 우리 귀에 익숙한 억양을 사 용하지 않는다 할지라도, 말의 요지를 이해할 수 있는 방법이 있습니다. 이 책은 여러분들이 이런 리스닝 스킬을 체득할 수 있도록 훈련시켜줄 것 입니다.

〈3030 English〉 듣기 시리즈를 통해 제가 주야장천 하는 말이 있습니다.

"영어로 말을 해봐야 영어로 말을 할 수 있습니다."

영어 청취라고 다를까요? 절대 그렇지 않습니다.

영어 청취도 마찬가지입니다.

"영어를 들어봐야 영어를 들을 수 있습니다."

오늘부터 하루 3개, 30일 동안 총 90개의 지문을 들으며 영어 듣기의 세 계로 빠져보시기 바랍니다.

영어를 자꾸 듣다 보면 결국엔 영어가 들릴 것입니다.

This book is

〈3030 English〉 듣기 시리즈를 소개합니다.
듣기 본문은 각권의 난이도에 따라 단어, 문법, 표현 그리고 원어민 성우의
말하기 속도를 적절히 차별화하였습니다.

✖ 듣기 1탄 '하루 30분씩 30일이면 중학교 교과서가 들린다'

중학교 영어 교과서야말로 이제 막 영어 청취의 세계에 첫발을 내디딘 왕
초보들에게 최고의 입문서라 할 수 있을 것입니다. 〈3030 English〉 듣기
1탄은 중학교 영어 교과서, 약 20종의 문제집, 참고서, 듣기·독해 교재를
조사·분석한 결과를 바탕으로 왕초보 학습자 수준에 딱 맞는 단어와 표
현 그리고 테마로 구성한 교재입니다. 각 지문에 딸린 세 개의 문항은 실
제 중학교 영어 기출문제의 난이도 분석과 유형 분석을 통해 중학교 교과
서 수준에 맞춰 출제하였습니다.

✖ 듣기 2탄 '하루 30분씩 30일이면 고등학교 교과서가 들린다'

〈3030 English〉 듣기 1탄으로 왕초보 딱지를 뗀 초·중급 학습자들을 위
한 〈3030 English〉 듣기 2탄은, 고등학교 영어 교과서, 약 20종의 문제
집, 참고서, 듣기·독해 교재를 조사·분석한 결과를 바탕으로 초·중급 학
습자들이 꼭 알아야 하는 단어와 표현 그리고 테마로 구성한 교재입니다.
각 지문에 딸린 세 개의 문항은 실제 고등학교 영어 기출문제의 난이도
분석과 유형 분석을 통해 고등학교 교과서 수준에 맞춰 출제하였습니다.

✳ 듣기 3탄 '하루 30분씩 30일이면 영화가 들린다'

중급자의 길에 막 들어선 학습자들의 좀 더 재미있는 청취학습을 위해 영화 속 하이라이트 장면들만 따로 모아놓은 교재입니다. 기존 영화 청취 교재들은 대부분 한 편의 영화로 구성되어 있어 영화의 처음부터 끝까지 모두 듣느라 지루했다면 〈3030 English〉 듣기 3탄은 영화의 꽃이라 할 수 있는 클라이맥스 장면들로만 구성되어 있어 처음부터 끝까지 팽팽한 긴장감과 재미가 이어집니다. 또 액션, 멜로, 드라마, 코미디 등 다양한 장르의 대화로 구성되어 있어 여러 상황의 대화를 체험해볼 수 있는 장점도 있습니다. 각 지문에 딸린 세 개의 문항은 학습자가 대화의 뉘앙스를 얼마나 잘 이해했는지 평가하는 것에 초점이 맞춰져 있습니다.

✳ 듣기 4탄 '하루 30분씩 30일이면 뉴스가 들린다'

〈3030 English〉 듣기 4탄은 영어 청취에 어느 정도 자신감이 생긴 중급 이상 학습자들에게 적절한 교재입니다. 실제 뉴스 기사들로 구성되어 있어 지문 모두 생동감이 넘치며, 너무 길지도 너무 어렵지도 않아 영어뉴스 청취 입문자용으로 딱 좋습니다. 또한 시사, 비즈니스, 명사 인터뷰, 스포츠 등 다양한 분야의 뉴스로 구성되어 있어 흥미로운 뉴스를 연달아 듣는 듯한 재미도 있습니다. 각 지문에 딸린 세 개의 문항은 학습자가 뉴스의 핵심을 얼마나 잘 파악했는지 평가하는 것에 초점이 맞춰져 있습니다.

Contents

지금 지구촌 곳곳에선 어떤 일이 벌어지고 있을까요? 세계 방방곡곡의 뉴스를 들으며 자신의 영어 청취 실력이 얼마만큼 성장했는지 직접 확인해 보시기 바랍니다. 중학교 교과서도 잘 안 들리던 게 엊그제 같은데 영어 고수들만 듣는다는 뉴스를 청취하고 있는 자신이 참 대견하지 않나요?

모국어로 들어도 쉽지만은 않은 비즈니스 뉴스입니다. 어려운 단어들이 나온다고 당황하지 말고 그 즉시 사전 찬스를 쓰기 바랍니다. 사전 찬스가 뭐냐고요? 사전 찬스란 모르는 단어를 사전에서 즉시 찾아보는 것입니다.^^ 아는 만큼 들린다고, 어휘력 증가는 청취력 상승의 지름길임을 잊지 마세요!

우리는 종종 언어와 피부색의 차이를 뛰어넘어 스포츠로 하나가 되곤 합니다. 스포츠 뉴스를 들으며 세계 곳곳의 사람들과 스포츠라는 하나의 공통된 주제를 가지고 재미있게 수다 떠는 상상을 해보시기 바랍니다. 그럼 어느새 어렵다고 생각되던 청취가 재미있게 느껴질 것입니다.

**Section 4. Interviews __ **
Day 20~ Day 26

국외 유명인들의 솔직 담백한 인터뷰를 들어 보세요. 나라면 이런 질문에 뭐라고 답했을까 생각해보며 마치 본인이 인터뷰 속의 주인공이 된 듯한 마음으로 청취에 임하면 감정 이입이 되어 더 재미있을 것입니다. 이왕 하는 뉴스 청취, 재미있게 할 수 있다면 더할 나위 없겠죠?

 **Section 5. Others __ **
Day 27~ Day 30

이번 Lap 5는 듣기의 마지막 장입니다. 미처 Lap 4까지 다루지 못했거나 포함되지 못했던 뉴스들을 모두 한자리에 모아놓았습니다. 마지막까지 최선을 다해 영어 청취력 향상이라는 자신만의 목표를 꼭 달성하시기 바랍니다. 영어로 들어봐야 영어가 들린다는 제 말, 절대, Never! 잊지 마시고 마지막 Lap도 파이팅입니다!

게임의 법칙 1 to 7

아래 게임의 법칙대로 3일 정도만 열심히 따라 해보면
"영어 리스닝 나도 할 수 있다!"란 자신감이 생기리라 확신합니다.

1. 청취 교재이므로 꼭 MP3 음원을 들으며 책을 봐야 합니다.
2. MP3 음원을 듣고 매일차 첫 페이지 "듣고 풀자"의 듣기 문항 세 개를 진지하게
   풀어봅니다. 이때 절대 다음 페이지로 넘겨 듣기 지문을 커닝(?)하지 않습니다.
3. "듣고 풀자"의 문제들을 다 풀었다면, 다음 페이지로 넘겨 정답을 확인합니다.
4. "다시 듣고 해석해보자"의 지문을 눈으로 읽으며 다시 한 번 듣습니다.
5. "다시 듣고 해석해보자"가 속한 좌측 페이지는 한 손으로 가린 채 MP3 음원을
   듣고 우측 페이지 "듣고 받아써보자"의 빈칸 받아쓰기를 합니다.
   (좌측의 지문을 보고 적으면 아무런 학습효과를 얻을 수 없으므로 반드시 좌측 페이지는
   손으로 가리고 받아쓰기에 임합니다)
6. 다 받아쓴 후 같은 페이지 하단의 정답을 확인합니다.
7. 다음 페이지로 넘겨 "바꿔 말해보자"의 한글 문장들을 영어로 바꿔 말해봅니다.
   (잘 모르겠도 포기하지 말고 일단 영어로 바꿔 말해본 후 하단의 정답을 확인합니다)

영어 청취를 하는 하루 딱 30분 동안은 다른 생각 다 버리고
오직 영어 듣기에만 몰입하시기 바랍니다.
그래야 정말 깜짝 놀랄 만한 효과를 볼 수 있습니다.

Section 1
Current Affairs

세계 방방곡곡에서는 어떤 일들이 일어나고 있을까요?
지구촌 곳곳에서 벌어지고 있는 실제 뉴스를 들으며
자신의 영어 청취 실력이 어느 정도 늘었는지 확인해보세요!

오는 말도 알아들어야 의사소통!

외국에 여행을 가서 길을 묻고자 실컷 머리 짜내서 한마디 호기 있게 물어봤더니, 현지인의 입에서는 대답이 한참 쏟아져 나올 때가 있다. 그 말을 듣는 나는 열심히 설명해주는 모습이 고맙기 그지없지만 아무것도 못 알아먹는 안타까움을 혼자 속으로 삭일 수밖에 없다. 결국 "고맙다"는 말로 적당히 대화를 끊고 뒤돌아설 때 깨닫는 평범한 진리가 있으니 '내 말만 할 것이 아니라 남의 말도 알아들어야' 무릇 의사가 통한다는 것이다. 이런 상황은 결국 말하지 않은 것과 다를 바 없다.

내가 아주 간단한 외국어로 몇 마디 물었을 때는 상대방도 아주 간단히 대답해주면 좋으련만, 실전은 시나리오대로 돌아가지 않는다. 물론 스피킹 연습을 열심히 해서 어느 정도의 임계량에 도달하면 그 실력이 넘쳐서 리스닝도 되고 리딩도 된다. 그래서 특별히 리스닝 연습이나 독해 공부를 하지 않았는데도 웬만큼 들리고 읽히는 것이다. 어쨌든, 대화를 하든 뭘 물어보든 맞는 답을 주려면 상대방 말을 알아들어야 한다.

내 말만 하면 끝나는 게 아니다. 상대방이 한 말을 못 알아들으면 원하는 정보를 얻을 수 없다.

리스닝이 중요한 이유는, '듣기'가 바로 의사소통의 필수 전제조건이기 때문이다.

1. 듣고 풀자

청취 지문은 절대로 커닝하지 말고 시험 보는 학생의 마음으로 진지하게 풀어보세요.

1) 런던의 이슬람교도들이 주장하는 것은?

    a   의료 서비스의 차별

    b   불평등한 노사 관계

    c   경찰의 종교 탄압

    d   경찰의 부당한 대우

2) What is the main theme of this passage?

    a   Terrorists and their followers

    b   Racism in Europe

    c   Religious conflicts

    d   The aftereffects of the London bombing

> racism 인종 차별주의   aftereffect 여파, 영향   conflict 갈등, 분쟁

3) What can be inferred from the passage?

    a   Hate crimes increased in reaction to the London bombings.

    b   Terrorists are planning another attack on London.

    c   Muslim communities are guilty of the terrorist attacks.

    d   Crimes increase in July every year.

> hate crime 혐오 범죄(특정 인종이나 종교에 대한 무조건적인 거부감 때문에 발생하는 범죄)   guilty of ~에 대해 유죄인, ~을 저지른

1. 다시 듣고 해석해보자

DAY - 1

지문을 눈으로 읽어 내려가며 다시 한 번 집중해서 들어보세요.

The London bombing by terrorists sparked a series of physical and verbal attacks against Muslims in England. At the same time, authorities, cracking down on extremists, have been pressuring the Muslim community. London police say since the bombings, hate crimes were up 500% against Muslims as well as other religions during the month of July. On the other hand, Muslims are complaining of being wrongfully accused. They claim the general public and even the police are treating them with disrespect.

런던 폭탄 테러는 영국 내 이슬람 교도를 겨냥한 물리적, 언어적 폭력을 잇달아 촉발시켰습니다. 이와 동시에 과격주의자들에 대한 일제 단속에 나선 당국은 이슬람 사회를 압박하고 있습니다. 런던 경찰에 따르면, 폭탄 테러 이후 이슬람교뿐 아니라 다른 종교를 겨냥한 혐오 범죄가 7월 한 달간 500%나 증가했다고 합니다. 한편 이슬람 교도들은 자신들이 억울한 누명을 덮어쓰고 있다며 불평의 목소리를 내고 있습니다. 일반인들은 물론 경찰들까지도 자신들을 함부로 대한다고 그들은 주장하고 있습니다.

정답 1d2d3a

O spark 불러일으키다, 촉발시키다   verbal 언어상의, 구두의
crack down on 단속하다, 탄압하다   extremist 과격주의자
pressure 압력을 가하다   on the other hand 반면에, 한편으로

14 3030 English 듣기 4탄

2. 듣고 풀자

청취 지문은 절대로 커닝하지 말고 시험 보는 학생의 마음으로 진지하게 풀어보세요.

1) 다음 중 사실이 아닌 것은?

a   에티오피아 정부는 원조 요청에 나섰다.

b   현재 에티오피아를 위한 원조는 충분히 이뤄지고 있다.

c   에티오피아는 경제난에 시달리고 있다.

d   에티오피아 국민들은 자연 재난으로 고통받고 있다.

2) What is the crisis in Ethiopia?

a   Tribal warfare

b   Government corruption

c   Food shortage

d   Environmental pollution

> tribal warfare 부족 전쟁   corruption 부정부패
> food shortage 식량 부족, 식량난   environmental pollution 환경 오염

3) Why is drinking water a problem in Ethiopia?

a   There is a severe lack of it.

b   It has been polluted by years of conflict.

c   There is not enough food.

d   Water is expensive.

> lack 결핍, 부족

2. 다시 듣고 해석해보자

지문을 눈으로 읽어 내려가며 다시 한 번 집중해서 들어보세요.

The government and international agencies have launched urgent appeals to ease a crisis in Ethiopia. Officials say it's needed because the aid that has been coming in isn't enough. Yet chronic famine is not the only problem here. Clean drinking water is scarce. For a country still suffering from economic problems, such natural calamities are worsening the plight of the people. Hopefully these appeals will not go unheard.

에티오피아 정부와 국제기구들은 에티오피아의 위기를 진정시키기 위해 다급한 호소에 나섰습니다. 현재까지 답지된 원조가 불충분한 상태이기 때문에 이와 같은 긴급 요청이 필요하다고 관료들은 전합니다. 그러나 고질적인 기근이 에티오피아의 유일한 문제는 아닙니다. 깨끗한 식수도 턱없이 부족한 실정입니다. 여전히 경제난에 시달리고 있는 국가에게 그러한 자연 재난은 국민들의 고통을 가중시키고 있습니다. 부디 이러한 원조 요청이 무시되지 않았으면 하는 바람입니다.

정답 1b2c3a

○ appeal 호소, 요청, 호소력, 매력   ease 해소하다, 감소시키다, 누그러뜨리다
  aid 원조, 구호, 도움   chronic 만성의, 고질적인   famine 기근
  natural calamity 자연 재난   plight 궁지, 곤경
  go unheard 경청되지 않다, 무시되다

3. 듣고 풀자

청취 지문은 절대로 커닝하지 말고 시험 보는 학생의 마음으로 진지하게 풀어보세요.

1) 아프가니스탄의 마약산업 근절이 어려운 이유는?

a 유일한 소득원이기 때문에

b 군벌의 반발 때문에

c 단속 인원의 부족 때문에

d 관계 법률이 허술하기 때문에

2) What is shocking about Afghanistan's production of opium?

a They are of the highest quality.

b Almost all of the world's opium is produced there.

c They are made into heroin.

d They are sold to children.

> opium 아편   heroin 헤로인   of the highest quality 품질이 최상인

3) Why does the Afghanistan president want more aid?

a He wants to reinforce forces to fight the narcotics industry.

b He wishes to abolish slavery in the opium fields.

c He hopes to uproot the drug industry in his country.

d He wants to bring attention to his country.

> reinforce 증강(보강)하다, 확충하다   slavery 노예 상태, 예속
> uproot 뿌리 뽑다, 근절하다   bring attention to ~에 주의를 모으다

3. 다시 듣고 해석해보자

지문을 눈으로 읽어 내려가며 다시 한 번 집중해서 들어보세요.

Afghanistan produces a shocking 87% of the world's opium which is processed into heroin to be sold on the streets of Europe and the U.S. The president of Afghanistan claims more international aid is needed to abolish the world's largest illegal narcotics industry. However, he faces tough opposition from warlords who control these opium fields. These drug producers will not allow a weak government to take away their source of revenue without a fight.

아프가니스탄은 세계 아편 생산량 가운데 87%라는 충격적인 비중을 차지합니다. 이 아편은 헤로인으로 가공되어 유럽과 미국의 거리 곳곳으로 팔려나갑니다. 아프가니스탄 대통령은 세계 최대의 불법 마약산업을 근절시키기 위해 국제 원조가 더욱 요구된다고 주장하고 있으나, 아편 재배지를 장악하고 있는 군벌들의 막강한 반발에 부딪히고 있습니다. 이런 마약 재배자들은 한번 싸워보지도 못한 채 힘없는 정부가 자신들의 소득원을 빼앗아가도록 내버려두지는 않을 것입니다.

정답 1b2b3c

o be processed into 공정을 거쳐 ~가 되다　　abolish 없애다, 폐지하다
narcotics industry 마약산업　　face (곤란, 어려움, 도전)에 직면하다, 부딪히다
warlord 군벌, 지방장관　　source of revenue 소득원

듣고 받아써보자

답안을 커닝하면 아무런 학습효과도 볼 수 없습니다. 답안을 가리고 받아쓰기에 임하세요.

1. _____ by terrorists sparked _____
   against Muslims in England.

2. London police say since the bombings, _____
   against Muslims _____ during the month of July.

3. _____, Muslims _____ being wrongfully accused.

4. They claim the general public and even the police are
   _____.

5. The government and international agencies
   _____ to ease a crisis in Ethiopia.

6. Officials say it's needed because the aid that
   _____ isn't enough.

7. Hopefully these appeals _____.

8. Afghanistan _____ which is processed
   into heroin to be sold on the streets of Europe and the U.S.

9. The president of Afghanistan claims _____
   to abolish the world's largest illegal narcotics industry.

10. However, he _____ warlords who
    control these opium fields.

정답 1 The London bombing, a series of physical and verbal attacks 2 hate crimes were up 500%, as well as other religions 3 On the other hand, are complaining of 4 treating them with disrespect 5 have launched urgent appeals 6 has been coming in 7 will not go unheard 8 produces a shocking 87% of the world's opium 9 more international aid is needed 10 faces tough opposition from

바꿔 말해보자

한글 문장들을 영어로 바꿔 말해보세요. 혹시 잘 모르겠어도 일단 용감하게 도전해보세요.

1. 현재까지 답지된 원조가 불충분한 상태이기 때문에 이와 같은 긴급 요청이
    필요하다고 관료들은 전합니다.

2. 일반인들은 물론 경찰들까지도 자신들을 함부로 대한다고 그들은
    주장하고 있습니다.

3. 이런 마약 재배자들은 한번 싸워보지도 못한 채 힘없는 정부가 자신들의
    소득원을 빼앗아가도록 내버려두지는 않을 것입니다.

4. 정부와 국제기구들은 에티오피아의 위기를 진정시키기 위한 다급한 호소
    에 나섰습니다.

5. 런던 경찰에 따르면, 폭탄 테러 이후 이슬람교뿐 아니라 다른 종교를
    겨냥한 혐오 범죄가 7월 한 달간 500%나 증가했다고 합니다.

6. 런던 폭탄 테러는 영국 내 이슬람 교도를 겨냥한 물리적, 언어적 폭력을
    잇달아 촉발시켰습니다.

7. 아프가니스탄 대통령은 세계 최대의 불법 마약산업을 근절시키기 위해
    국제 원조가 더욱 요구된다고 주장하고 있습니다.

8. 부디 이러한 원조 요청이 무시되지 않았으면 하는 바람입니다.

정답 1 Officials say it's needed because the aid that has been coming in isn't enough. 2 They claim the general public and even the police are treating them with disrespect. 3 These drug producers will not allow a weak government to take away their source of revenue without a fight. 4 The government and international agencies have launched urgent appeals to ease a crisis in Ethiopia. 5 London police say since the bombings, hate crimes were up 500% against Muslims as well as other religions during the month of July. 6 The London bombing by terrorists sparked a series of physical and verbal attacks against Muslims in England. 7 The president of Afghanistan claims more international aid is needed to abolish the world's largest illegal narcotics industry. 8 Hopefully these appeals will not go unheard.

1. 듣고 풀자

청취 지문은 절대로 커닝하지 말고 시험 보는 학생의 마음으로 진지하게 풀어보세요.

1) 싱가포르의 위상을 유지하기 위해 정부가 할 일로 언급된 것은?

   a   테러 가능성 대비

   b   사회보장제도 확립

   c   정보 통신 개발

   d   친환경 에너지 개발

2) All of the following were mentioned about Singapore EXCEPT _____.

   a   it is a small nation

   b   it is heavily populated

   c   cleanliness is very important in Singapore

   d   it has a lot of traffic

▲ cleanliness 청결함, 깔끔함   traffic 교통, 교통량

3) Why is the Singapore government depending on technology?

   a   It is because they are technologically advanced.

   b   It is because technology increases the nation's capabilities.

   c   It is because technology is better than manual protection.

   d   It is because the government cannot depend on its army.

▲ depend on ~에 의존하다, ~에 기대다
technologically advanced 기술적으로 발전된   capability 능력, 생산력
manual 인력의, 손으로 하는, 단순 노무직의

1. 다시 듣고 해석해보자

지문을 눈으로 읽어 내려가며 다시 한 번 집중해서 들어보세요.

Singapore is a densely populated, small country where a lot of vehicles could be driving around with hazardous material. Hence, Singapore is trying to depend on technology as much as possible because technology multiplies the country's capabilities. To maintain Singapore's position as a economic hub for South East Asia, it is important for the Singapore government to prepare itself against possible terrorist activities in this country.

싱가포르는 인구 밀도가 높은 작은 나라로, 위험 물질을 실은 차량들이 돌아다닐 가능성이 많습니다. 따라서 싱가포르는 최대한 기술력에 의존하고자 합니다. 기술이야말로 이 나라의 국력을 배가시킬 수 있기 때문입니다. 동남아시아 경제의 중심지로서 싱가포르의 위상을 유지하기 위해서는 싱가포르 정부가 직접 나서서 테러 가능성에 대비하는 일이 중요합니다.

정답 1a2c3b

- densely populated 인구 밀도가 높은   hazardous 위험한
  hence 이 때문에, 따라서   multiply 배가시키다, 곱하다   hub 중심, 중추

2. 듣고 풀자

청취 지문은 절대로 커닝하지 말고 시험 보는 학생의 마음으로 진지하게 풀어보세요.

1) 다음 중 사실이 아닌 것은?

a 민간인 사망자 수는 파악하기 어렵다.

b 부시 대통령은 전쟁의 종료를 주장했다.

c 대다수의 사람들이 전쟁의 종료를 믿고 있다.

d 전문가들은 이라크의 상황을 부정적으로 보고 있다.

2) What happened over the past week in Iraq?

a An earthquake killed over 200 people.

b Many U.S. soldiers were killed in action.

c A lot of civilians were killed.

d Important government officials were killed.

▲
earthquake 지진
be killed in action 전사하다　　[cf] Killed In Action 전사자(KIA)

3) How many Iraqis were killed since the beginning of the war?

a 250

b 2,500

c 25,000

d 250,000

▲
Iraqi 이라크인

지문을 눈으로 읽어 내려가며 다시 한 번 집중해서 들어보세요.

In the past week, the violence has been horrific, even for Iraq, leaving close to 200 dead. It is impossible to know the civilian death toll. Nearly 25,000 Iraqis were killed between the start of the war and March of this year. Even this number is not confirmed. Despite President Bush's claims that the worst of the fighting is over, not many people can believe his words when shown such statistics. Some experts believe that the situation in Iraq is only going to get worse.

지난 한 주간 이라크에서 발생한 끔찍한 공격으로 인해, 무려 2백여 명이 목숨을 잃었습니다. 민간인 사망자 수를 파악하기란 불가능합니다. 전쟁 발발 이후 올 3월까지 거의 2만 5천 명에 달하는 이라크인들이 목숨을 잃었습니다. 이 수치 또한 불확실합니다. '최악의 전쟁은 끝났다'라는 부시 대통령의 주장에도 불구하고, 사망자 수가 발표되면서 대다수의 사람들은 그의 말을 믿지 못하고 있습니다. 일부 전문가들은 이라크의 상황이 악화일로로 치달을 것으로 내다보고 있습니다.

정답 1c2c3c

○ horrific 무서운, 대단한   death toll 사망자 수   confirmed 확립된, 확인된
statistics 통계   get worse 악화되다

3. 듣고 풀자

청취 지문은 절대로 커닝하지 말고 시험 보는 학생의 마음으로 진지하게 풀어보세요.

1] 미국이 샤론 총리에게 반대 의사를 표명한 것은?

a 신규 정착촌 건설

b 팔레스타인 압박

c 이스라엘의 재정 지원

d 팔레스타인의 재정 지원

2] Mr. Sharon got support from the U.S. for _____.

a his plans to construct new homes in the West Bank

b his plans to withdraw from Gaza

c his violent actions against Palestinians

d his friendship with the Palestinians

> get support from ~의 지지를 받다   violent 폭력적인
> withdraw 철수하다, 철회하다

3] What do Palestinian officials want from the U.S.?

a Financial aid

b To encourage international attention to their cause.

c To help in the peace process with Israel.

d To prevent Israelis from further construction.

> financial aid 재정 지원   Israeli 이스라엘의, 이스라엘 사람   cause 주장, 운동

3. 다시 듣고 해석해보자

지문을 눈으로 읽어 내려가며 다시 한 번 집중해서 들어보세요.

Sharon, the Prime Minister of Israel, was in Washington Tuesday, a day after meeting with President Bush. Mr. Sharon received strong support for his Gaza withdrawal plan, but opposition to construction of new homes in the West Bank. Palestinian officials want the U.S. to continue to pressure Israel to confirm there's no further construction. If his plans go through, it will be a significant change in Israel's attitude towards their neighbors. However, many people believe that Israel's actions will not ease the tension in this region.

샤론 이스라엘 총리는 부시 미 대통령과 회담을 가진 후, 다음 날인 화요일에 워싱턴을 방문했습니다. 미국은 샤론의 가자 지구 철수를 강력히 지지하면서도 서안 지구에 신규 정착촌을 건설하려는 움직임에는 반대 의사를 표명했습니다. 팔레스타인 당국은 이스라엘이 더 이상의 공사를 확장하지 못하도록 미국이 확실하게 압력을 가해줄 것을 희망하고 있습니다. 샤론 총리의 계획이 이루어진다면, 이는 인접 국가에 대한 이스라엘의 태도에 중대한 변화를 가져올 것입니다. 하지만 대다수의 사람들은 이스라엘의 조치가 이 지역의 긴장을 완화시키지는 못할 것이라 믿고 있습니다.

정답 1a2b3d

○ Prime Minister 총리, 수상   Gaza (strip) 가자 지구(이스라엘 남서부 항만 지역)
ease 덜다, 완화하다   tension 긴장

답안을 커닝하면 아무런 학습효과도 볼 수 없습니다. 답안을 가리고 받아쓰기에 임하세요.

1. Singapore is a _____, small country where a lot of vehicles _____ with hazardous material.

2. Hence, Singapore _____ technology _____ because technology multiplies the country's capabilities.

3. In the past week, the violence _____, even for Iraq, _____.

4. It is impossible _____.

5. _____ between the start of the war and March of this year.

6. Some experts believe that the situation in _____.

7. Mr. Sharon _____ his Gaza withdrawal plan, but _____ new homes in the West Bank.

8. Palestinian officials want the U.S. _____ to confirm there's _____.

9. If his plans _____, it will be _____ Israel's attitude towards their neighbors.

10. However, many people believe that Israel's actions _____.

정답 1 densely populated, could be driving around 2 is trying to depend on, as much as possible 3 has been horrific, leaving close to 200 dead 4 to know the civilian death toll 5 Nearly 25,000 Iraqis were killed 6 Iraq is only going to get worse 7 received strong support for, opposition to construction of 8 to continue to pressure Israel, no further construction 9 go through, a significant change in 10 will not ease the tension in this region

바꿔 말해보자

한글 문장들을 영어로 바꿔 말해보세요. 혹시 잘 모르겠어도 일단 용감하게 도전해보세요.

1. 전쟁 발발 이후 올 3월까지 거의 2만 5천 명에 달하는 이라크인들이 목숨을 잃었습니다.

2. 일부 전문가들은 이라크의 상황이 악화일로로 치달을 것으로 내다보고 있습니다.

3. 따라서 기술이 이 나라의 국력을 배가시킬 수 있기 때문에 싱가포르는 최대한 기술력에 의존하고자 합니다.

4. 그의 계획이 이루어진다면, 이는 인접 국가에 대한 이스라엘의 태도에 중대한 변화를 가져올 것입니다.

5. 지난 한 주간 이라크에서 발생한 끔찍한 공격으로 인해, 무려 2백여 명이 목숨을 잃었습니다.

6. 팔레스타인 당국은 이스라엘이 더 이상 공사를 확장하지 못하도록 미국이 확실하게 압력을 가해줄 것을 희망하고 있습니다.

7. 민간인 사망자 수를 파악하기란 불가능합니다.

8. 동남아시아 경제의 중심지로서 싱가포르의 위상을 유지하기 위해서는 싱가포르 정부가 직접 나서서 테러 가능성에 대비하는 일이 중요합니다.

정답 1 Nearly 25,000 Iraqis were killed between the start of the war and March of this year. 2 Some experts believe that the situation in Iraq is only going to get worse. 3 Hence, Singapore is trying to depend on technology as much as possible because technology multiplies the country's capabilities. 4 If his plans go through, it will be a significant change in Israel's attitude towards their neighbors. 5 In the past week, the violence has been horrific, even for Iraq, leaving close to 200 dead. 6 Palestinian officials want the U.S. to continue to pressure Israel to confirm there's no further construction. 7 It is impossible to know the civilian death toll. 8 To maintain Singapore's position as a economic hub for South East Asia, it is important for the Singapore government to prepare itself against possible terrorist activities in this country.

1. 듣고 풀자

청취 지문은 절대로 커닝하지 말고 시험 보는 학생의 마음으로 진지하게 풀어보세요.

1) 일본 정부에 중국인들이 분노하는 이유는?

a 중국 영토의 소유권을 주장했기 때문에

b 역사 왜곡 교과서를 허가했기 때문에

c 전범들을 위한 신사참배를 했기 때문에

d 경제적 불평등 조약을 요구했기 때문에

2) What are the Chinese protesting about?

a The expensive price of Japanese goods

b Japan's attempt to earn a seat on the UN Security Council

c Actions by the Japanese during World War Ⅱ

d Globalization

---

protest 항의하다   seat 의석, 의석권

3) Protesters hurled all of the following at the Japanese embassy EXCEPT _____.

a bricks

b bottles

c eggs

d rocks

---

hurl 세게 던지다

1. 다시 듣고 해석해보자

지문을 눈으로 읽어 내려가며 다시 한 번 집중해서 들어보세요.

Thousands of Chinese call for a boycott of Japanese products. Chinese citizens are using the internet and now violence to oppose Japan's bid to become a permanent member of the UN Security Council. Angry protesters hurled rocks, bottles and eggs at the Japanese Embassy and the Ambassador's residence. They believe that the Japanese have no right to be on the council. The public's anger was further fuelled when the Japanese government allowed the publication of several history textbooks with distorted historical information.

수천 명의 중국인들이 일본 상품 불매운동을 벌이고 있습니다. 일본의 UN 안보리 상임이사국 진출에 반대하는 중국인들의 시위는 인터넷과 폭력 시위로까지 번지고 있습니다. 성난 시위대는 돌과 물병, 계란을 일본 대사관과 대사관저에 던지기도 했습니다. 그들은 일본이 유엔 안전보장이사회에 오를 자격이 없다고 믿고 있습니다. 일본 정부가 왜곡된 역사를 다룬 다수의 역사 교과서 편찬을 허가한 것이 중국인들의 분노에 더욱 불을 지르게 된 것입니다.

정답 1b2b3a

○ boycott 불매활동, 보이콧하다   bid 입찰, 입찰하다
UN Security Council 유엔 안전보장이사회
fuel ~에 연료를 공급하다, ~에 불을 지피다   distorted 비틀어진, 왜곡된

청취 지문은 절대로 커닝하지 말고 시험 보는 학생의 마음으로 진지하게 풀어보세요.

1) 짐바브웨 국민들이 걱정하는 것은?

a 무능력한 정부

b 정부에 대한 국제적 비난

c 미국의 내정 간섭

d 폭력 사태와 내전

2) What is the opposition charging the President of?

a Illegal campaign funds

b Running for another term as President

c Using unfair methods to try winning in the elections

d Trying to bring foreign influences into the country

▲ campaign fund 선거 자금   running for ~의 출마

3) How was Mr. Mugabe regarded when he first came into power?

a President Bush thought he was a dictator.

b The public despised him.

c People thought he would make a good leader.

d Experts felt he was corrupt and violent.

▲ despise 경멸하다, 싫어하다

2. 다시 듣고 해석해보자

지문을 눈으로 읽어 내려가며 다시 한 번 집중해서 들어보세요.

In Zimbabwe, the opposition is charging that President Mugabe is using violence and intimidation to win votes in Thursday's elections. When Mr. Mugabe took office in 1980 he was applauded by many as a progressive leader. Now U.S. President George W. Bush calls Zimbabwe an example of dictatorship. Despite heavy international criticisms on his government, Mugabe is not affected by the call for a fair election. Many here are afraid of further violence and even civil war.

목요일에 있을 짐바브웨 총선을 앞두고 야당은 무가베 대통령이 표를 얻기 위해 폭력과 협박을 이용한다고 비난하고 나섰습니다. 1980년 취임 당시, 무가베 대통령은 진보적 지도자로서 많은 사람들의 환호를 받으며 취임했으나, 현재 짐바브웨는 부시 미 대통령에게 '폭정의 표본'이라 불리고 있습니다. 무가베 정부에 대한 지독한 국제적 비난에도 불구하고, 무가베 대통령은 공정한 선거 요구에 전혀 아랑곳하지 않고 있습니다. 짐바브웨의 많은 이들은 추가적인 폭력 사태와 심지어 내전 가능성까지도 우려하고 있습니다.

정답 1d2c3c

- intimidation 위협, 협박　　take office 취임하다　　applaud 찬사를 보내다
progressive 진보적인, 전진하는　　dictatorship 독재 정권
civil war 내전, 내란

3. 듣고 풀자

청취 지문은 절대로 커닝하지 말고 시험 보는 학생의 마음으로 진지하게 풀어보세요.

1) 다수의 이란인이 주장하는 것은?

a   이란의 핵 계획에 대한 유엔의 제재는 합당한 것이다.

b   유엔은 서방 국가들의 핵 계획에 먼저 제재를 가해야 한다.

c   이란은 서방 국가들보다 훨씬 더 많은 우라늄을 보유하고 있다.

d   서방 국가들은 이란의 핵 시설을 금지할 권리가 없다.

2) What is the main theme of the passage?

a   Foreign policies of the United States

b   Dangers of nuclear weapons

c   Peace in the Middle East

d   Iran restarting a nuclear facility

▲   foreign policy 외교 정책   nuclear facility 핵 시설

3) What is Iran denying?

a   Sales of nuclear weapons

b   Plans to produce nuclear weapons

c   Joint research with the United States

d   Purchase of nuclear weapons

▲   joint 합동의   purchase 구입, 매입

지문을 눈으로 읽어 내려가며 다시 한 번 집중해서 들어보세요.

Going against international pressure, Iran has reopened a facility for converting uranium. The United States and the European Union say Iran's uranium enrichment project would convince them to seek UN sanctions against Teheran. Iran denies any plans to build nuclear weapons. Many Iranians believe that these Western countries have no right to prevent them from having nuclear facilities. They claim some of these countries possess much more dangerous amounts of uranium.

국제사회의 압력에도 불구하고, 이란은 우라늄 재처리 시설의 가동을 재개했습니다. 이러한 우라늄 농축 계획에 대해 미국과 유럽연합은 테헤란(이란의 수도)에 대한 유엔 제재를 경고하고 나섰으며, 이란은 핵무기 제조 의혹을 부인하고 있습니다. 대다수 이란인들은 이들 서방 국가들이 핵 시설 보유를 금지할 권리가 없다고 믿고 있으며, 이들 국가들이 훨씬 더 위험한 양의 우라늄을 보유하고 있다고 주장합니다.

정답 1d2d3b

○ convert 전환하다　uranium enrichment 우라늄 농축
sanction 제재, 제재 규약　nuclear weapons 핵무기

답안을 커닝하면 아무런 학습효과도 볼 수 없습니다. 답안을 가리고 받아쓰기에 임하세요.

1.   Thousands of Chinese   .

2.   Chinese citizens   and now violence to oppose
     Japan's bid   the UN Security Council.

3.   They believe that the Japanese   .

4.   In Zimbabwe,   that President Mugabe is
     using violence and intimidation   .

5.   When Mr. Mugabe   he
     many as a progressive leader.

6.   his government,
     Mugabe   the call for a fair election.

7.   Many here   and even civil war.

8.   , Iran has reopened a facil-
     ity for converting uranium.

9.   Iran   nuclear weapons.

10. Many Iranians believe that these Western countries have no right
                                    .

정답 1 call for a boycott of Japanese products 2 are using the internet, to become a permanent member of 3 have no right to be on the council 4 the opposition is charging, to win votes in Thursday's elections 5 took office in 1980, was applauded by 6 Despite heavy international criticisms on, is not affected by 7 are afraid of further violence 8 Going against international pressure 9 denies any plans to build 10 to prevent them from having nuclear facilities

바꿔 말해보자

한글 문장들을 영어로 바꿔 말해보세요. 혹시 잘 모르겠어도 일단 용감하게 도전해보세요.

1. 이란은 핵무기 제조 의혹을 부인하고 있습니다.

2. 무가베 정부에 대한 지독한 국제적 비난에도 불구하고, 무가베 대통령은 공정한 선거 요구에 전혀 아랑곳하지 않고 있습니다.

3. 대다수 이란인들은 이들 서방 국가들이 핵 시설 보유를 금지할 권리가 없다고 믿고 있습니다.

4. 그들은 일본이 유엔 안전보장이사회에 오를 자격이 없다고 믿고 있습니다.

5. 1980년 취임 당시, 무가베 대통령은 진보적 지도자로서 많은 사람들의 환호를 받으며 취임했습니다.

6. 일본 정부가 왜곡된 역사를 다룬 다수의 역사 교과서 편찬을 허가한 것이 대중의 분노에 더욱 불을 지르게 된 것입니다.

7. 수천 명의 중국인들이 일본 상품 불매운동을 벌이고 있습니다.

8. 일본의 UN 안보리 상임이사국 진출에 반대하는 중국인들의 시위는 인터넷과 폭력시위로까지 번지고 있습니다.

정답 1 Iran denies any plans to build nuclear weapons. 2 Despite heavy international criticisms on his government, Mugabe is not affected by the call for a fair election. 3 Many Iranians believe that these Western countries have no right to prevent them from having nuclear facilities. 4 They believe that the Japanese have no right to be on the council. 5 When Mr. Mugabe took office in 1980 he was applauded by many as a progressive leader. 6 The public's anger was further fuelled when the Japanese government allowed the publication of several history textbooks with distorted historical information. 7 Thousands of Chinese call for a boycott of Japanese products. 8 Chinese citizens are using the internet and now violence to oppose Japan's bid to become a permanent member of the UN Security Council.

1. 듣고 풀자

청취 지문은 절대로 커닝하지 말고 시험 보는 학생의 마음으로 진지하게 풀어보세요.

1) 쓰나미 피해를 줄이기 위한 것으로 전문가들이 언급한 내용은?

a 건물의 내진 설계

b 경보 체제 조기 발동

c 전용 방파제 건설

d 대피 훈련 연습

2) Why are Indonesian hospitals turning away patients?

a Hospitals were destroyed by the tsunami.

b There are too many patients to take care of.

c Treatment is too expensive.

d The government passed a medical law.

▲ treatment 치료   pass a law 법을 통과시키다

3) All of the following countries sent medical teams to Indonesia EXCEPT _____.

a Pakistan

b China

c France

d Singapore

▲ send aid to ~에 원조를 보내다

1. 다시 듣고 해석해보자

지문을 눈으로 읽어 내려가며 다시 한 번 집중해서 들어보세요.

With the towering number of people injured in the tsunami, Indonesian hospitals are being forced to turn away patients. The Germans, Pakistanis, Chinese and Singaporeans have sent medical teams to help out with the situation. Other countries have been busy donating supplies and money to the affected regions. Experts say that the tsunami would not have been so devastating if early warning systems had been in place.

쓰나미로 인해 부상자 수가 엄청나게 늘어나면서 인도네시아의 병원은 환자를 되돌려 보내야 하는 지경에 이르고 있습니다. 독일, 파키스탄, 중국, 싱가포르에서는 이와 같은 상황을 돕고자 의료팀을 급파했으며, 기타 여러 나라들은 피해 지역에 물자와 자금을 기부하느라 분주합니다. 전문가들에 따르면, 경보 체제가 조기에 발동되었다면 쓰나미로 인한 이와 같은 참상은 없었을 것이라고 전해집니다.

정답 1b2b3c

- towering 높이 올라가는   tsunami 쓰나미(지진해일)
  turn away 외면하다, 돌보지 않다   help out (with) ~을 거들다, 원조하다
  devastating 황폐시키는, 파괴하는   in place 적소에, 적절하게

2. 듣고 풀자

청취 지문은 절대로 커닝하지 말고 시험 보는 학생의 마음으로 진지하게 풀어보세요.

1] 이 뉴스의 주제는?

a 쓰나미 발생 원인
b 쓰나미 대비 훈련
c 쓰나미의 인명 피해
d 쓰나미의 경제적 여파

2] What was the major source of income of tsunami-hit areas?

a Manufacturing
b Trade
c Communications
d Tourism

▲ the major source of income 주 수입원   manufacturing 제조업

3] What can you infer from the passage?

a In Thailand, many of the victims of the tsunami were
   foreigners.
b The Asian Development Bank will provide financial aids
   for affected areas.
c Many Asian countries will suffer economic problems in the
   near future.
d This disaster was because of economic reasons.

▲ Asian Development Bank 아시아개발은행

지문을 눈으로 읽어 내려가며 다시 한 번 집중해서 들어보세요.

Tourism is the main industry in many of the hardest-hit regions. As aid begins to flow into the devastated areas, experts are assessing the economic impact of the tsunami. The Asian Development Bank says the scale of this disaster is colossal. In fact, in Thailand most of the casualties were foreign tourists. Only time will tell how soon tourists will make their way back to these sunny beaches.

가장 큰 피해를 입은 지역들의 주요 산업은 관광업입니다. 피해 지역에 원조의 손길이 쏟아지고 있는 가운데 전문가들은 쓰나미로 인한 경제적 여파를 계산하기 시작했습니다. 아시아개발은행은 이번 재앙의 규모가 유례를 찾아볼 수 없을 정도라고 밝혔습니다. 실제로 태국의 대다수 사상자들은 외국인 관광객들이었습니다. 관광객들이 언제 다시 이곳의 해변을 밟을 수 있을지는 시간이 지나야 알 수 있을 것입니다.

- hardest-hit 가장 큰 타격을 입은, 피해가 가장 극심한　　flow into ~로 흘러들다
  devastated 황폐화된, 초토화된　　assess 평가하다, 산정하다　　impact 영향력
  colossal 어마어마한, 굉장한　　make one's way back to ~로 돌아가다

3. 듣고 풀자

청취 지문은 절대로 커닝하지 말고 시험 보는 학생의 마음으로 진지하게 풀어보세요.

1) 이 뉴스의 주제는?

a 니제르의 자연재해와 기아
b 니제르의 물 부족
c 니제르의 내전
d 니제르의 인종 차별

2) What wiped out crops in Niger?

a Drought
b Flood
c Tsunami
d Hurricane

▲ flood 홍수   hurricane 폭풍, 태풍

3) How could the crisis in Niger have been avoided?

a Governments should have set their alarm clocks in advance.
b The people of Niger should have been moved to another country.
c Countries should have taken notice of signs of the upcoming disaster.
d Richer nations should have joined the United Nations.

▲ take notice of ～을 주목하다   disaster 재해, 재난

3. 다시 듣고 해석해보자

지문을 눈으로 읽어 내려가며 다시 한 번 집중해서 들어보세요.

Drought and locust attacks last year wiped out crops and thousands of villages in Niger. This famine has killed thousands and threatens millions more. The United Nations says this could have been avoided had the world stopped and listened eight months ago when alarm bells were ringing. To prevent such incidents from reoccurring many organizations are calling for help to the richer countries to share their wealth with the poor. However, such appeals remain unanswered.

니제르에서는 지난해 가뭄과 메뚜기 떼가 농작물과 수천 개의 마을을 휩쓸었습니다. 니제르의 기아로 인해 지금까지 수천 명이 사망했으며 수백만 명의 목숨이 위태로운 상황에 처해 있습니다. 유엔은 8개월 전 위기경보가 울렸을 때 세계가 귀를 기울였다면 지금과 같은 사태는 충분히 막을 수 있었다고 전하고 있습니다. 이러한 상황의 재발을 막기 위해 많은 기구들이 잘사는 국가들에게 굶주린 국가들을 위한 원조 요청을 요구하고 있습니다만, 이러한 호소는 받아들여지지 않고 있는 상태입니다.

정답 1a2a3c

○ drought 가뭄　locust 메뚜기　wipe out 일소하다, 파괴하다
reoccur 재발하다, 반복하다　unanswered 대답이 없는, 보답이 없는

듣고 받아써보자

답안을 커닝하면 아무런 학습효과도 볼 수 없습니다. 답안을 가리고 받아쓰기에 임하세요.

---

1. _____ in the tsunami,
   Indonesian hospitals _____ patients.

---

2. The Germans, Pakistanis, Chinese and Singaporeans have sent
   medical teams _____.

---

3. Other countries
   to the affected regions.

---

4. Experts say that the tsunami
   if early warning systems _____.

---

5. Tourism is the main industry _____.

---

6. In fact, in Thailand _____.

---

7. Only time will tell how soon tourists
   _____ these sunny beaches.

---

8. Drought and locust attacks last year
   _____ in Niger.

---

9. The United Nations says this _____ had the world
   stopped and listened eight months ago _____.

---

10. However, such appeals _____.

정답 1 With the towering number of people injured, are being forced to turn away 2 to
help out with the situation 3 have been busy donating supplies and money 4 would
not have been so devastating, had been in place 5 in many of the hardest-hit regions
6 most of the casualties were foreign tourists 7 will make their way back to 8 wiped
out crops and thousands of villages 9 could have been avoided, when alarm bells
were ringing 10 remain unanswered

바꿔 말해보자

한글 문장들을 영어로 바꿔 말해보세요. 혹시 잘 모르겠어도 일단 용감하게 도전해보세요.

1. 관광객들이 언제 다시 이곳의 해변을 밟을 수 있을지는 시간이 지나야 알 수 있을 것입니다.

2. 쓰나미로 인해 부상자 수가 엄청나게 늘어나면서 인도네시아의 병원에서는 환자를 되돌려보내야 하는 지경에 이르고 있습니다.

3. 피해 지역에 원조의 손길이 쏟아지고 있는 가운데 전문가들은 쓰나미로 인한 경제적 여파를 계산하기 시작했습니다.

4. 전문가들에 따르면 경보 체제가 조기에 발동되었다면 쓰나미로 인한 이와 같은 참상은 없었을 것이라고 전해집니다.

5. 가장 큰 피해를 입은 지역들의 주요 산업은 관광업입니다.

6. 실제로 태국의 대다수 사상자들은 외국인 관광객들이었습니다.

7. 유엔은 8개월 전 위기경보가 울렸을 때 세계가 귀를 기울였다면 지금과 같은 사태는 충분히 막을 수 있었다고 전하고 있습니다.

8. 기타 여러 나라들은 피해 지역에 물자와 자금을 기부하느라 분주합니다.

정답 1 Only time will tell how soon tourists will make their way back to these sunny beaches. 2 With the towering number of people injured in the tsunami, Indonesian hospitals are being forced to turn away patients. 3 As aid begins to flow into the devastated areas, experts are assessing the economic impact of the tsunami. 4 Experts say that the tsunami would not have been so devastating if early warning systems had been in place. 5 Tourism is the main industry in many of the hardest-hit regions. 6 In fact, in Thailand most of the casualties were foreign tourists. 7 The United Nations says this could have been avoided had the world stopped and listened eight months ago when alarm bells were ringing. 8 Other countries have been busy donating supplies and money to the affected regions.

1. 듣고 풀자

청취 지문은 절대로 커닝하지 말고 시험 보는 학생의 마음으로 진지하게 풀어보세요.

1) 다음 중 사실이 아닌 것은?

a 수감자 학대 사건은 현재 확실한 진위 여부가 가려진 상태이다.

b 군 관리들은 준장 한 명에게 징계를 내릴 것으로 예상된다.

c 준장의 변호인은 준장이 희생양임을 주장하고 있다.

d 군 당국은 하위 관료에게 책임을 떠넘기려 하고 있다.

2) What did senior Pentagon officials find out in their investigations?

a The President is involved in the prison abuse case.

b Most of the senior officers involved in the case were innocent.

c Prison abuse did not take place.

d No one was responsible for the abuse case.

🔺 prison abuse case 수감자 학대 사건
innocent (법률적으로) 결백한, 무죄의, 순수한, 천진한

3) What did the brigadier general claim?

a He was being used as the fall guy.

b He deserved to be punished.

c He was willing to serve his sentence.

d His lawyer was useless.

🔺 fall guy 희생양   serve one's sentence (판결에 따라) 복역하다

1. 다시 듣고 해석해보자

지문을 눈으로 읽어 내려가며 다시 한 번 집중해서 들어보세요.

Senior Pentagon officials say the Army investigation into the re-sponsibility for prison abuse has cleared most high profile officers examined. Military officials say the investigation recommends a brigadier general be punished. The general's lawyer says he's been made a scapegoat. The controversial incident still remains shrouded in mystery. As the military and government point their fingers on lower ranked staff of the military, the public's right to know what really happened remains unsatisfied.

미 국방부 고위 관료는 수감자 학대 사건에 대한 군 자체 조사에서, 수사를 받은 군 고위층 장교들이 대부분 혐의가 없는 것으로 밝혀졌다고 발표했습니다. 군 관리들은 이번 조사 결과 한 명의 준장에게 징계를 내릴 것을 권고했다고 전했습니다. 준장의 변호인은 그가 희생양이라고 주장하고 있으며, 물의를 빚고 있는 본 사건은 여전히 미궁에 빠져 있는 상태입니다. 군 당국과 정부가 하위 군 관료에게 그 책임을 떠넘김에 따라, 과연 진실이 무엇인지 알고자 하는 국민의 권리를 채워주지 못하고 있습니다.

정답 1a2b3a

- Pentagon 미국 국방부(미 국방부 건물이 오각형이어서 붙여진 이름)
  high profile 유명한, 고위급의　　brigadier general 준장
  scapegoat 희생양　　controversial 논쟁의, 물의를 일으키는
  shroud 가리다, 감추다　　point one's fingers on ~을 지명하여 비난하다

2. 듣고 풀자

청취 지문은 절대로 커닝하지 말고 시험 보는 학생의 마음으로 진지하게 풀어보세요.

1) 아프리카 정부들에게 요구되는 것은?

   a   원조금을 아껴 써야 한다.

   b   부패 척결의 의지를 보여줘야 한다.

   c   국제적 행사를 유치해야 한다.

   d   기아 문제를 신속히 해결해야 한다.

2) What are leaders of the G-8 summit concerned about?

   a   Corruption in Africa

   b   The need for more aid for Africa

   c   Civil war in Africa

   d   Making money for their respective countries

▲ respective 각각의, 각자의

3) Why do Western donors find it hard to forget the corruption problem?

   a   They are stingy about their money.

   b   Their donations have been misused.

   c   They think Africa is a poor investment.

   d   Their calls for peace have been ignored.

▲ donor 기증자, 기부자   call for peace 평화 요구   stingy 인색한

2. 다시 듣고 해석해보자

지문을 눈으로 읽어 내려가며 다시 한 번 집중해서 들어보세요.

Africa is to be a main topic at the G-8 summit. Leaders will also have to deal with the issue of whether making money available to African governments encourages corruption. Over the years billions of dollars in aid have been misused. Despite vast improvements over the past 5 years, Western donors find it difficult to forget the corruption problem. For these African governments to receive foreign aid, they have to show their desire to fight corruption.

이번 G-8 정상회담에서의 주요 쟁점은 아프리카 문제입니다. 각국의 정상들은 아프리카 정부에 대한 재정 지원이 오히려 부패를 야기하는 건 아닌지를 놓고 심각한 고민을 해야 할 것 같습니다. 그동안 제공된 수십억 달러의 원조금이 엉뚱하게 사용되어왔기 때문에, 지난 5년간의 놀라운 발전에도 불구하고 서방 선진국들은 부패 문제를 쉽사리 잊지 못하고 있습니다. 국외 원조 수혜국인 아프리카 각국 정부들은 부패 척결에 대한 의지를 보여주어야 할 것입니다.

정답 1b2a3b

○ smell a rat 수상히 여기다, 낌새를 맡다　　summit 정상, 수뇌 회담
corruption 타락, 퇴폐　　misuse 잘못 사용하다, 오용하다

3. 듣고 풀자

청취 지문은 절대로 커닝하지 말고 시험 보는 학생의 마음으로 진지하게 풀어보세요.

1) 이 뉴스의 주제는?

a   자살폭탄 테러의 증가

b   9·11 테러 사태

c   테러리스트의 신분 위장

d   폭탄의 종류

2) According to the passage what are suicide bombs designed for?

a   To create chaos.

b   To cause damage to infrastructure.

c   To shock the international community.

d   To pressurize opposing governments.

▲   chaos 혼돈, 무질서   opposing 대립의, 상대의
    infrastructure 하부 조직, 기초 구조   pressurize ~에 압력을 가하다

3) Why do terrorists use suicide bombers?

a   Because they are affordable.

b   Because people are afraid of them.

c   Because they easily avoid detection.

d   Because they are convenient to train.

▲   affordable 입수 가능한   detection 발견, 탐지

3. 다시 듣고 해석해보자

DAY – 5

지문을 눈으로 읽어 내려가며 다시 한 번 집중해서 들어보세요.

Suicide bombing is an increasing threat from 9·11 to Iraq and beyond. All suicide bombers are designed to pressure governments and to kill. This is because terrorists have learned that suicide bombers can be accurate and avoid detection. These bombers can travel and get into almost all locations. Normally they have bombs strapped to themselves to prevent suspicion. The bombing attack in London was an example of how deadly these bombers can be.

9·11 테러 사태를 시작으로 이라크와 여타 전반의 사태에서 자살폭탄 테러의 위협이 증가하는 양상을 보이고 있습니다. 이들은 각국 정부를 압박하고 인명을 살상하기 위해 조직된 자살폭탄 테러 분자들입니다. 테러리스트들은 자살폭탄이 가장 확실하고 사전에 발각될 염려가 적다는 점을 이용한 것입니다. 이들은 거의 모든 지역으로의 여행 및 입국이 가능하며, 의심을 받지 않도록 보통 자신의 신체에 폭탄을 부착하고 다닙니다. 런던에서 있었던 폭탄 공격은 이들이 얼마나 치명적인 존재인지 알리는 좋은 예입니다.

정답 1a2d3c

○ suicide bombing 자살폭탄   be designed to ~을 하기 위한 의도로 만들어지다
strap 끈으로 묶다(매다)   suspicion 혐의, 의혹   deadly 치명적인, 지독한

50 3030 English 듣기 4탄

듣고 받아써보자

답안을 커닝하면 아무런 학습효과도 볼 수 없습니다. 답안을 가리고 받아쓰기에 임하세요.

1. Senior Pentagon officials say the Army investigation into
   _____ has cleared most high profile officers examined.

2. Military officials say the investigation _____
   a brigadier general _____.

3. The general's lawyer says _____.

4. Africa is _____ at the G-8 summit.

5. _____ billions of dollars in aid _____.

6. Despite vast improvements _____, Western donors
   _____ the corruption problem.

7. For these African governments to receive foreign aid,
   they _____ corruption.

8. Suicide bombing is _____ from 9·11 to Iraq and
   beyond.

9. All suicide bombers _____ and to kill.

10. These bombers _____ almost all locations.

정답 1 the responsibility for prison abuse 2 recommends, be punished 3 he's been made a scapegoat 4 to be a main topic 5 Over the years, have been misused 6 over the past 5 years, find it difficult to forget 7 have to show their desire to fight 8 an increasing threat 9 are designed to pressure governments 10 can travel and get into

바꿔 말해보자

한글 문장들을 영어로 바꿔 말해보세요. 혹시 잘 모르겠어도 일단 용감하게 도전해보세요.

1. 런던에서 있었던 폭탄 공격은 이 폭탄 테러 분자들이 얼마나 치명적인 존재인지 알리는 좋은 예입니다.

2. 이번 G-8 정상회담에서의 주요 쟁점은 아프리카 문제입니다.

3. 이 폭탄 테러 분자들은 거의 모든 지역으로의 여행 및 입국이 가능합니다.

4. 국외 원조 수혜국인 아프리카 각국 정부들은 부패 척결에 대한 의지를 보여주어야 할 것입니다.

5. 9·11 테러 사태를 시작으로 이라크와 여타 전반의 사태에서 자살폭탄 테러의 위협이 증가하는 양상을 보이고 있습니다.

6. 물의를 빚고 있는 본 사건은 여전히 미궁에 빠져 있는 상태입니다.

7. 수년간 수십억 달러의 원조금이 엉뚱하게 사용되어 왔습니다.

8. 준장의 변호인은 그가 희생양이라고 주장하고 있습니다.

정답 1 The bombing attack in London was an example of how deadly these bombers can be. 2 Africa is to be a main topic at the G-8 summit. 3 These bombers can travel and get into almost all locations. 4 For these African governments to receive foreign aid, they have to show their desire to fight corruption. 5 Suicide bombing is an increasing threat from 9·11 to Iraq and beyond. 6 The controversial incident still remains shrouded in mystery. 7 Over the years billions of dollars in aid have been misused. 8 The general's lawyer says he's been made a scapegoat.

1. 듣고 풀자

청취 지문은 절대로 커닝하지 말고 시험 보는 학생의 마음으로 진지하게 풀어보세요.

1) 다음 중 사실인 것은?

a 유대인 정착민은 가자 철수안에 반발하고 있다.

b 유대인 정착민은 가자 철수안에 찬성하고 있다.

c 강성 팔레스타인 사람들은 가자 철수안에 찬성하고 있다.

d 샤론 총리는 유대인 정착민의 반발을 폭력으로 저지하고 있다.

2) What is Mr. Sharon proposing?

a To end opposition to a plan.

b To withdraw from the Gaza Strip.

c To create a new deadline.

d To attack the Palestinians.

▲ deadline 마감시간, 최종기한

3) What is the main theme of the passage?

a The importance of parliament

b The fears of violence against a new plan

c The problems of settling into a new area

d The need for efficient communication

▲ parliament (영국)의회   settle into ~에 정착하다

1. 다시 듣고 해석해보자

지문을 눈으로 읽어 내려가며 다시 한 번 집중해서 들어보세요.

Israel's prime minister, Mr. Sharon's plan to move out from Gaza is awaiting approval from parliament. The plan has sparked intense opposition and there are fears of violence from Jewish settlers. Main settler groups say they're opposed to violence and have called for restraint. But as the deadline for evacuation draws near, authorities expect there will be those who will take matters into their own hands. This volatile situation could worsen when militant Palestinians also join in the protest.

샤론 이스라엘 총리의 가자 철수안은 이스라엘 의회의 승인을 앞두고 유대인 정착민의 강한 반발과 폭력 위협까지 불러일으키고 있습니다. 주 정착민 단체들은 폭력에 반대하며 자제를 촉구하고 있지만, 철수 시한이 다가오면서 이를 막기 위한 단체들의 개별적인 행동을 우려하고 있습니다. 강성 팔레스타인인들까지 이와 같은 반발에 동참하게 된다면 일촉즉발의 상황은 더욱 악화될 가능성이 있습니다.

정답 1a2b3b

○ restraint 제지, 금지   evacuation 비움, 철수
  take matters into one's own hands 스스로 직접 나서서 문제를 해결하다
  volatile 폭발하기 쉬운, 폭발 직전의   militant 교전하는, 호전적인

2. 듣고 풀자

청취 지문은 절대로 커닝하지 말고 시험 보는 학생의 마음으로 진지하게 풀어보세요.

1) 조류독감과 관련된 개발도상국의 상태로 언급된 것이 아닌 것은?

a   예방조치가 이뤄지지 않고 있다.
b   예방조치를 취할 여력이 없다.
c   예방조치를 수행할 기반이 마련돼 있지 않다.
d   예방조치에 대한 정보가 전혀 없다.

2) What warning has the WHO issued?

a   It has warned that birds are becoming extinct.
b   It has warned that the common cold is deadly.
c   It has warned that the bird flu is under control.
d   It has warned that the bird flu can spread globally.

▲ extinct 멸종한, 단절된   under control 통제(관리)되고 있는
common cold 감기

3) What is expected by March 2005?

a   The establishment of an international organization against
    the bird flu
b   The end of all bird flu epidemics
c   A medical treatment for the bird flu
d   A ban on bird sales

▲ epidemic 전염병, 유행병   ban 금지, 금지령

2. 다시 듣고 해석해보자

지문을 눈으로 읽어 내려가며 다시 한 번 집중해서 들어보세요.

The WHO has issued a warning that the bird flu could become a global epidemic. The WHO said this could be anywhere from next week to the coming years. And with a human vaccine not expected until March 2005 at the earliest, urgency is being placed on prevention. However, many developing countries are not prepared for such preventive measures. They cannot afford such measures or do not have the infra-structure to carry them out.

WHO(세계보건기구)는 전 세계적인 조류독감의 유행 가능성에 대해 경고합니다. 그 시기는 바로 다음 주에서 내년으로 광범위한 지역에서 발생할 가능성이 있다고 세계보건기구는 밝혔습니다. 대인 독감 백신은 아무리 빨라도 2005년 3월 이후에야 준비될 예정이므로 질병 예방이 가장 시급한 상황입니다. 하지만 대다수의 개발도상국가에서는 이에 대한 예방 조치가 이루어지지 않고 있으며, 조치를 취할 여력이 없을뿐더러 이를 수행할 아무런 기반도 마련되어 있지 않습니다.

정답 1d2d3c

- issue 발표하다   bird flu 조류독감   vaccine 우두종, 백신
  urgency 긴급, 절박   infrastructure 하부조직, 기반, 토대

3. 듣고 풀자

청취 지문은 절대로 커닝하지 말고 시험 보는 학생의 마음으로 진지하게 풀어보세요.

1) 이 뉴스의 주제는?

a 미국 대통령 선거

b 대통령 후보자 간의 경쟁

c 성공적인 재임의 어려움

d 민심을 얻는 방법

2) **What is the challenge President Bush has to face?**

a John Kerry's Presidential challenge

b Natural disasters

c A successful second term

d The war in Iraq

▲ second term 재임, (대통령 중임제에서) 두 번째 임기

3) **Why do second term Presidents have problems?**

a They become lazy.

b Foreign influences affect the government.

c The public generally dislikes a second-term president.

d They tend to become complacent.

▲ complacent 자기만족의, 안일한

3. 다시 듣고 해석해보자

DAY – 6

지문을 눈으로 읽어 내려가며 다시 한 번 집중해서 들어보세요.

President Bush has defeated John Kerry. Now he's got to face a bigger challenge: the second term curse. Second terms are usually disastrous. Having gotten elected twice, second term Presidents are outsmarted. They assume they're above politics. Also the public's expectations for their president increases. President Bush who already has a lot of public opposition should be prepared for a rough ride ahead.

부시 미 대통령은 존 케리를 (선거에서) 물리쳤지만, 이제 더 큰 도전에 맞닥뜨려야 합니다. 바로 재임의 저주입니다. 재임은 대개 대재난을 방불케 합니다. 재선에 성공한 대통령들은 자기 꾀에 빠져, 자신이 정치를 초월했다고 확신하게 됩니다. 게다가 대통령에 대한 국민의 기대 심리는 커져가는데, 이미 무수히 많은 민심을 잃어버린 부시 미 대통령으로서는 재임에 앞서 고난의 여정에 대한 대비를 해야 할 것입니다.

정답 1c2c3d

- defeat 물리치다   curse 저주의 대상, 불행의 씨   disastrous 비참한, 재해의
outsmart ~보다 약다, 한 수 위다   rough ride 고난의 연속

58 3030 English 듣기 4탄

듣고 받아써보자

답안을 커닝하면 아무런 학습효과도 볼 수 없습니다. 답안을 가리고 받아쓰기에 임하세요.

1. Israel's prime minister, Mr. Sharon's plan to move out from Gaza
    .

2. The plan   and there are
    .

3. Main settler groups say   and
    .

4. But as the deadline for evacuation draws near, authorities expect
    there will be   .

5. The WHO   that the bird flu
    .

6. However, many developing countries
    .

7. They   or do not have the infrastructure
    .

8. Now   a bigger challenge: the second-term curse.

9. They assume   .

10. Also   their president increases.

정답 1 is awaiting approval from parliament 2 has sparked intense opposition, fears of violence from Jewish settlers 3 they're opposed to violence, have called for restraint 4 those who will take matters into their own hands 5 has issued a warning, could become a global epidemic 6 are not prepared for such preventive measures 7 cannot afford such measures, to carry them out 8 he's got to face 9 they're above politics 10 the public's expectations for

바꿔 말해보자!

한글 문장들을 영어로 바꿔 말해보세요. 혹시 잘 모르겠어도 일단 용감하게 도전해보세요.

1. 그 계획은 유대인 정착민의 강한 반발과 폭력 위협까지 불러일으키고 있습니다.

2. 하지만 대다수의 개발도상국가에서는 이에 대한 예방 조치가 이루어지지 않고 있습니다.

3. 샤론 이스라엘 총리의 가자 철수안은 이스라엘 의회의 승인을 앞두고 있습니다.

4. 그러나 철수 시한이 다가오자 관계자들은 단체들의 개별적인 행동을 우려하고 있습니다.

5. 그 국가들은 조치를 취할 여력이 없을뿐더러 이를 수행할 아무런 기반도 마련되어 있지 않습니다.

6. 주 정착민 단체들은 폭력에 반대하며 자제를 촉구하고 있다고 말합니다.

7. WHO(세계보건기구)는 전 세계적인 조류독감의 유행 가능성에 대해 경고했습니다.

8. 그들은 자신이 정치를 초월했다고 확신하게 됩니다.

정답 1 The plan has sparked intense opposition and there are fears of violence from Jewish settlers. 2 However, many developing countries are not prepared for such preventive measures. 3 Israel's prime minister, Mr. Sharon's plan to move out from Gaza is awaiting approval from parliament. 4 But as the deadline for evacuation draws near, authorities expect there will be those who will take matters into their own hands. 5 They cannot afford such measures or do not have the infrastructure to carry them out. 6 Main settler groups say they're opposed to violence and have called for restraint. 7 The WHO has issued a warning that the bird flu could become a global epidemic. 8 They assume they're above politics.

60 3030 English 듣기 4탄

1. 듣고 풀자!

DAY-7

청취 지문은 절대로 커닝하지 말고 시험 보는 학생의 마음으로 진지하게 풀어보세요.

1) 다음 중 사실이 아닌 것은?

a   경찰 부청장은 지난 월요일에 피살되었다.

b   경찰 부청장의 아들은 아버지와 함께 살해되었다.

c   살해 행각의 주도자는 체포되었다.

d   살인 행각이 앞으로도 이어질 것으로 예상되고 있다.

2) How was the deputy chief general of the police assassinated?

a   He was kidnapped.

b   He was killed by gunmen.

c   He was killed by a car bomb.

d   He was killed by mortar.

▲ mortar 박격포

3) How many senior officials were killed in Baghdad over the past week?

a   One

b   Two

c   Three

d   Four

▲ senior official 고위 간부

1. 다시 듣고 해석해보자

지문을 눈으로 읽어 내려가며 다시 한 번 집중해서 들어보세요.

On Monday the deputy chief-general of the Baghdad police was assassinated. He and his son were driving to work when unidentified gunmen ambushed their convoy killing them both instantly. He is the second senior official killed in Baghdad in a week. Six days ago, a powerful governor of Baghdad province was gunned down in early morning traffic while leaving his home. No one has stepped forward to claim responsibility for this killing. However, what is certain is that such killings will continue in Iraq.

바그다드 경찰 부청장이 지난 월요일 피살되었습니다. 그는 아들과 함께 차를 몰고 출근하던 길에 매복하고 있던 정체불명의 암살범들의 총에 맞았고, 둘 다 현장에서 즉사했다고 합니다. 그는 일주일 사이 바그다드에서 암살당한 두 번째 고위 간부입니다. 6일 전 바그다드 지역의 영향력 있는 어느 지방 장관이 이른 아침 출근길에 총격을 당한 사건이 있었습니다. 현재까지 이번 살해 행각에 대한 주도자가 나타나지 않은 상태입니다. 하지만 이러한 살인이 이라크에서 잇따라 일어날 것이라는 점은 분명합니다.

정답 1c2b3b

○ **deputy** 부관 　**assassinate** 암살하다 　**unidentified** 확인되지 않은
ambush 매복하다, 매복하여 습격하다 　**convoy** 수송대, 호송
step forward (발언, 조언 등을 위해) 출두하다, 일선에 나서다

2. 듣고 풀자

청취 지문은 절대로 커닝하지 말고 시험 보는 학생의 마음으로 진지하게 풀어보세요.

1) 석유 수입국들이 수출국기구에 요구하는 것은?

   a   석유 공급을 늘려라.

   b   석유 공급을 줄여라.

   c   석유 가격을 고정시켜라.

   d   석유 개발 기술을 공유하라.

2) What are nations buying oil from OPEC worried about?

   a   They are worried that oil prices will affect their economy.

   b   They are worried that the Middle East will turn into a war zone.

   c   They are worried that its people will become depressed.

   d   They are worried that they can't sell oil to OPEC nations.

🔺   affect ~에 영향을 미치다

3) What is Iran concerned about?

   a   Unstable seasonal conditions

   b   Saudi Arabia's attempts to head OPEC

   c   The lack of oil supply

   d   The war in Iraq

🔺   unstable 불안정한   seasonal 계절의

지문을 눈으로 읽어 내려가며 다시 한 번 집중해서 들어보세요.

Nations that buy oil from the OPEC are worried that high prices will depress their economy. Their leaders, therefore, put pressure on OPEC to increase supply. Saudi Arabia had been in favor of an immediate increase. Iran, Kuwait, and Nigeria suggested that any increase be delayed until May because of concerns about seasonal uncertainties. Such disagreements within the OPEC organization are only delaying a possible solution to the serious problem of high oil prices.

OPEC(석유수출국기구)에서 석유를 수입하는 석유 수입국들은 고유가가 경기 침체로 이어지지 않을까 우려하고 있습니다. 이에 따라 이들 국가의 지도자들은 OPEC에 공급을 늘리도록 압력을 가하고 있습니다. 사우디아라비아는 즉각적 추가 증산을 지지하는 반면, 이란 및 쿠웨이트, 나이지리아는 계절적 가격 변동을 고려해 5월까지 현 상태를 유지하자는 입장입니다. OPEC 내부의 이와 같은 의견 대립은 심각한 고유가 문제에 대한 해결 방안을 늦출 뿐입니다.

정답 1a2a3a

○ OPEC 석유수출국기구(Organization of Petroleum Exporting Countries)
depress 불경기로 만들다   put pressure on ~을 압도하다
in favor of ~에 찬성하여   disagreement 불일치, 논쟁, 불화
concern 우려, 관심사   uncertainty 불확실성

3. 듣고 풀자

청취 지문은 절대로 커닝하지 말고 시험 보는 학생의 마음으로 진지하게 풀어보세요.

1) 이 뉴스의 주제는?

a 중국의 세대 갈등 문제

b 중국의 노령화 문제

c 중국의 빈부 격차 문제

d 중국의 도시와 농촌 간 격차 문제

2) According to the passage what is one of the greatest economic challenges for China in the future?

a The military threat of Taiwan

b The large population of elders

c Unstable trade relations with the rest of the world

d Environmental problems

▲ challenge 도전   unstable 불안정한

3) Why do the Chinese elders face a dark future?

a The population of the elders is increasing while pensions are decreasing.

b There is a lack of electricity in rural China.

c There is a tendency for young Chinese to abandon their parents.

d The state-run institutions are refusing to accept them.

▲ increase 증가하다   tendency 경향

3. 다시 듣고 해석해보자

지문을 눈으로 읽어 내려가며 다시 한 번 집중해서 들어보세요.

The problems of an aging population will be one of the greatest economic challenges China will face. Chinese elders face a bleak future as their pensions are shrinking while their numbers are growing. Retirees in Beijing get better care in nursing homes but these state-run institutions are too little and too costly. In the rural areas, the problem is worsening. Younger generation of Chinese in rural areas are leaving their homes in search of jobs in the cities while older Chinese are left behind to take care of farmland.

중국 경제가 직면할 가장 큰 도전 중 하나는 인구의 노령화입니다. 중국의 노인들은 노령 인구의 증가에 비해 연금은 계속 감소하고 있어, 암울한 미래를 맞고 있습니다. 베이징의 퇴직자들은 요양소에서 보살핌을 받지만, 국가에서 운영하는 요양소의 수는 턱없이 부족한 데다, 비용도 비쌉니다. 농촌 지역에서는 이러한 문제가 더 심각합니다. 중국의 농촌에서는 젊은 세대가 일자리를 찾아 도시로 떠나고 노인들만이 남아서 농토를 돌보고 있습니다.

정답 1b2b3a

● bleak 냉혹한, 암담한   pension 연금   shrink 오그라들다, 축소하다
nursing home 요양소

듣고 받아써보자

답안을 커닝하면 아무런 학습효과도 볼 수 없습니다. 답안을 가리고 받아쓰기에 임하세요.

1. He and his son _____ when unidentified gunmen ambushed their convoy _____ .

2. He _____ killed in Baghdad in a week.

3. Six days ago, a powerful governor of Baghdad province _____ in early morning traffic _____ .

4. _____ to claim responsibility for this killing.

5. Nations that buy oil from the OPEC are worried that _____ .

6. Saudi Arabia _____ an immediate increase.

7. Such disagreements within the OPEC organization are only delaying a possible _____ .

8. The problems of an aging population _____ China will face.

9. Chinese elders face a bleak future _____ while their numbers are growing.

10. In the rural areas, _____ .

정답 1 were driving to work, killing them both instantly 2 is the second senior official 3 was gunned down, while leaving his home 4 No one has stepped forward 5 high prices will depress their economy 6 had been in favor of 7 solution to the serious problem of high oil prices 8 will be one of the greatest economic challenges 9 as their pensions are shrinking 10 the problem is worsening

바꿔 말해보자

DAY - 7

한글 문장들을 영어로 바꿔 말해보세요. 혹시 잘 모르겠어도 일단 용감하게 도전해보세요.

1. 사우디아라비아는 즉각적 추가 증산을 지지해왔습니다.

2. 그는 일주일 사이 바그다드에서 암살당한 두 번째 고위 간부입니다.

3. 이란 및 쿠웨이트, 나이지리아는 계절적 가격 변동을 고려해 5월까지 현 상태를 유지하자는 입장입니다.

4. 현재까지 이번 살해 행각에 대한 주도자가 나타나지 않은 상태입니다.

5. 그는 아들과 함께 차를 몰고 출근하던 길에 매복하고 있던 정체불명의 암살범들의 총에 맞아, 둘 다 현장에서 즉사했다고 합니다.

6. 베이징의 퇴직자들은 요양소에서 보살핌을 받지만, 국가에서 운영하는 요양소의 수는 턱없이 부족한 데다, 비용도 비쌉니다.

7. 중국 경제가 직면할 가장 큰 도전 중 하나는 인구의 노령화입니다.

8. 중국의 노인들은 노령 인구의 증가에 비해, 연금은 계속 감소하고 있어 암울한 미래를 맞고 있습니다.

정답 1 Saudi Arabia had been in favor of an immediate increase. 2 He is the second senior official killed in Baghdad in a week. 3 Iran, Kuwait, and Nigeria suggested that any increase be delayed until May because of concerns about seasonal uncertainties. 4 No one has stepped forward to claim responsibility for this killing. 5 He and his son were driving to work when unidentified gunmen ambushed their convoy killing them both instantly. 6 Retirees in Beijing get better care in nursing homes but these state-run institutions are too little and too costly. 7 The problems of an aging population will be one of the greatest economic challenges China will face. 8 Chinese elders face a bleak future as their pensions are shrinking while their numbers are growing.

Section 2
Business

조금 더 어려운 주제를 들어봅시다.
사실 우리말로도 이해하지 못하는 말들이 마구 공격할지도 모르지만
조금만 인내심을 발휘해서 단어 공부와 병행하여 청취 훈련을 하세요.
팁 하나! 청취력을 일취월장하게 만드는 기본은 어휘력입니다.

중요한 정보는 크고 분명하게 소리 난다!

영어에는 리듬이 있다고 했는데, 이것은 단어의 강약에 따라 만들어지는 리듬이다. 가장 기본적인 강약 규칙은 이렇다. 내용어content words, 즉 문장의 의미에 기여하는 단어들에는 강세가 오고, 기능어function words, 의미보다 문장 구성에 기여하는 단어들은 강세가 오지 않는다. 대체로 명사, 본동사 등이 내용어에 속하고, 조동사, 전치사 등이 기능어에 속하는데, 언제나 이 법칙이 적용되는 것은 아니다. 내용어라도 동일한 세기의 강세가 오는 게 아니기 때문이다. 강세 차이를 실어 파도를 타듯이 말해야 한다.

How are you **doing**?
Has her **roommate thought** about it?
What kind of car are you **looking** for?

굵게 표시된 단어들이 내용어이므로 강하게 소리 내어야 하며, 그중에서도 위에 방점이 찍힌 단어들은 좀 더 힘주어 발음된다. 여기에서 보듯이 의미상 중요한 역할을 하는 단어들이 강하게 발음된다. 그러나 기능어라도 아래처럼 의미상으로 중요해지는 경우 크고 분명하게 발음된다.

A: Do you **know** him? 그 사람 알아?(그 남자와 아는 사이야?)
B: No. I **know of** him. 아니, 그냥 어떤 사람인지만 알아.(얘기만 들었어.)

1. 듣고 풀자

청취 지문은 절대로 커닝하지 말고 시험 보는 학생의 마음으로 진지하게 풀어보세요.

1) 이 뉴스의 주제는?

a   일본의 신소비층
b   일본 샐러리맨의 저축 방식
c   일본 남성의 관심사
d   일본 남성의 만혼 이유

2) Why is the Japanese salaryman getting attention from sales companies?

a   They are potential customers.
b   They will buy things for their family.
c   They are willing to invest money in their firms.
d   They are honest tax-paying citizens.

▲   potential 잠재력, 잠재적인   invest 투자하다

3) Which of the following is a cultural change in Japan mentioned in the passage?

a   There are more single parents in Japan.
b   The divorce rate in Japan is increasing.
c   There is an increase in the number of single males.
d   There are more working women in Japan.

▲   single parent 홀로 아이를 기르는 부모

1. 다시 듣고 해석해보자

지문을 눈으로 읽어 내려가며 다시 한 번 집중해서 들어보세요.

The Japanese salaryman has suddenly become the object of corporate sales attention. This reflects the cultural changes including a move-away from the family-oriented savings approach. This is largely due to the large number of single men who have to do their own shopping. Traditionally, Japanese men get married and sacrifice their interests for the family. However, recent trends show that many men are getting married at an older age or not getting married at all. This creates a new type of consumer base.

일본의 샐러리맨이 갑자기 기업들의 공략 소비자층으로 주목받고 있습니다. 이는 가족 중심의 저축 방식으로부터의 이탈을 비롯한 문화적 변화를 반영합니다. 가장 큰 이유는 직접 쇼핑을 하는 독신 남성들이 많아졌기 때문입니다. 전통적으로 일본 남성들은 결혼을 하면 가족을 위해 자신의 관심사를 희생하게 됩니다. 하지만 최근 들어 만혼을 하거나 아예 결혼하지 않은 남성들이 점차 늘어나고 있는 추세를 보이고 있습니다. 이로 인해 새로운 종류의 소비자층이 형성되고 있는 것입니다.

정답 1a2a3c

- corporate 회사의, 단체의   reflect 반영하다   move-away from ~로부터의 이탈(벗어남)   family-oriented 가족을 최우선으로 하는
  be due to ~ 때문이다, ~ 탓이다   sacrifice A for B B를 위해 A를 희생하다
  consumer base (특정 기업 브랜드를 선호하는) 소비자층, 소비자 기반
  [cf] fan babe (특정 가수 등을 좋아하는) 팬층

2. 듣고 풀자

청취 지문은 절대로 커닝하지 말고 시험 보는 학생의 마음으로 진지하게 풀어보세요.

1) 중국 기업의 미국 기업 인수에 대한 미국인들의 생각은?

    a   시장 경제를 활성화시킬 것이다.

    b   장기적으로 경제에 부정적 영향을 줄 것이다.

    c   장기적으로 긍정적인 결과를 가져올 것이다.

    d   자유시장 경제 체제에서 불가피한 일이다.

2) What is CNOOC bidding for?

    a   To become China's third largest oil producer.

    b   To dig for oil off the coast of California.

    c   To become state-controlled.

    d   To take over the U.S. company Unocal.

▲ bid for ~에 입찰하다   dig 캐내다, 파다

3) What are people in Washington protesting about?

    a   The rise of oil prices

    b   U.S. firms buying up Chinese companies

    c   The emergence of the Chinese market

    d   Chinese companies taking over U.S. firms

▲ emergence 출현, 발생

China's third largest oil producer, state-controlled China National Offshore Oil Corporation, or CNOOC, is bidding 18.5 billion dollars in cash for the U.S. oil company Unocal. If that deal goes through, it will be the biggest yet in a wave of U.S. acquisitions by Chinese companies. There are protests in Washington for the government to block the bid. Many Americans believe that the Chinese attempt to take over American firms will have a negative result in the long run. They believe the American government should take steps to protect itself from the ever growing economic threat of the Chinese market.

중국 3대 석유회사인 중국 국영 해양석유 유한회사 시눅은 미 정유회사 유노컬을 185억 달러에 인수하겠다고 공식 제안했습니다. 이 거래가 성사된다면 지금까지 꾸준히 있어온 중국 기업의 미국 기업 인수 중 최대 규모가 될 전망입니다. 워싱턴에서는 중국 기업의 입찰을 막으라는 압력이 정부에 가해지고 있습니다. 상당수 미국인들은 미국의 기업을 인수하려는 중국 기업들의 시도가 장기적으로는 부정적인 결과를 낳게 될 것이라 여기고 있습니다. 지속적으로 증가하는 중국 시장의 경제적인 위협으로부터 미국 정부가 자국 기업들을 보호해줄 조치를 취해야 한다고 생각하는 것입니다.

정답 1b2d3d

○ offshore 앞바다의, 국외의   acquisition 취득, 획득
in the long run 결국, 장기적인 안목으로

청취 지문은 절대로 커닝하지 말고 시험 보는 학생의 마음으로 진지하게 풀어보세요.

1) 다음 중 사실이 아닌 것은?

a 다임러크라이슬러 사의 주가가 부진을 면치 못하고 있다.

b 다임러크라이슬러 사 제품의 품질에는 약간의 문제가 있다.

c 독일의 자동차 제조업계는 중국 시장에서 살아남고자 고군분투 중이다.

d 전문가들은 다임러크라이슬러 사가 수익을 위해 과감한 조치를 취해
   야 한다고 여긴다.

2) What kind of problem is Daimler Chrysler facing from BMW?

a BMW is trying to buy their company.

b BMW is competing against Daimler Chrysler in the same
   market.

c BMW is merging with another auto maker.

d BMW's share prices are falling in the stock market.

🔺 compete 경쟁하다   auto maker 자동차 제조업자

3) Why are shareholders getting frustrated?

a Daimler Chrysler is about to go bankrupt.

b They noticed illegal proceedings in the company.

c Their shares are losing their value in the stock market.

d The price of Daimler Chrysler vehicles are rising.

🔺 go bankrupt 파산하다   proceeding 행동, 절차

3. 다시 듣고 해석해보자

지문을 눈으로 읽어 내려가며 다시 한 번 집중해서 들어보세요.

Daimler Chrysler's share price has been suffering in the stock market. Competition from BMW in the luxury market is causing problems for this car maker. It's no surprise that the shareholders are getting frustrated. The German carmaker is trying to generate greater sales in newer markets like China to fight off competition. The quality of their product is not a problem but experts feel that drastic measures must be taken to ensure that the carmaker will continue to have steady profits in the future.

다임러크라이슬러의 주가가 주식시장에서 고전하고 있습니다. 고급 차 시장에서 BMW와의 경쟁이 이 자동차 제조업체에 지장을 초래하고 있는 것입니다. 주주들이 속을 끓이고 있는 것도 당연한 일일 것입니다. 독일의 자동차 제조업계는 중국 등의 신흥 시장에서 매출을 증대시켜 경쟁에서 이기고자 노력하고 있습니다. 품질에는 문제가 없지만, 전문가들은 다임러크라이슬러 사가 향후에도 꾸준한 수익을 올릴 수 있으려면 과감한 조치를 취해야 한다고 여기고 있습니다.

정답 1b 2b 3c

○ luxury market 고급품 시장   shareholder 주주, (미) stockholder
frustrate 실망시키다   generate 낳다, 산출하다, 발생시키다
drastic 격렬한, 과감한, 철저한   ensure 보장하다, 확실하게 하다

듣고 받아써보자

답안을 커닝하면 아무런 학습효과도 볼 수 없습니다. 답안을 가리고 받아쓰기에 임하세요.

1. The Japanese salaryman has suddenly become
   _____ .

2. This is _____ the large number of single men
   _____ .

3. This creates _____ .

4. If _____ , it will be the biggest yet in a wave of
   U.S. acquisitions by Chinese companies.

5. There are protests in Washington _____ .

6. Many Americans believe that the Chinese attempt
   _____ will have _____ .

7. Daimler Chrysler's share price _____ .

8. Competition from BMW in the luxury market
   _____ this car maker.

9. _____ the shareholders are _____ .

10. The German carmaker _____ in
    newer markets like China _____ .

정답 1 the object of corporate sales attention 2 largely due to, who have to do their own shopping 3 a new type of consumer base 4 that deal goes through 5 for the government to block the bid 6 to take over American firms, a negative result in the long run 7 has been suffering in the stock market 8 is causing problems for 9 It's no surprise that, getting frustrated 10 is trying to generate greater sales, to fight off competition

바꿔 말해보자

한글 문장들을 영어로 바꿔 말해보세요. 혹시 잘 모르겠어도 일단 용감하게 도전해보세요.

1. 상당수 미국인들은 미국의 기업을 인수하려는 중국 기업들의 시도가 장기적으로는 부정적인 결과를 낳게 될 것이라 여기고 있습니다.

2. 고급 차 시장에서 BMW와의 경쟁이 이 자동차 제조업체에 지장을 초래하고 있는 것입니다.

3. 일본의 샐러리맨이 갑자기 기업들의 공략 소비자층으로 주목 받고 있습니다.

4. 주주들이 속을 끓이고 있는 것도 당연한 일일 것입니다.

5. 가장 큰 이유는 직접 쇼핑을 하는 독신 남성들이 많아졌기 때문입니다.

6. 이 거래가 성사된다면 지금까지 꾸준히 일어나고 있는 중국 기업의 미국 기업 인수 중 최대 규모가 될 전망입니다.

7. 이로 인해 새로운 종류의 소비자층이 형성되고 있는 것입니다.

8. 그들은 지속적으로 증가하는 중국 시장의 경제적인 위협으로부터 미국 정부가 자국 기업들을 보호해줄 조치를 취해야 한다고 생각합니다.

정답 1 Many Americans believe that the Chinese attempt to take over American firms will have a negative result in the long run. 2 Competition from BMW in the luxury market is causing problems for this car maker. 3 The Japanese salaryman has suddenly become the object of corporate sales attention. 4 It's no surprise that the shareholders are getting frustrated. 5 This is largely due to the large number of single men who have to do their own shopping. 6 If that deal goes through, it will be the biggest yet in a wave of U.S. acquisitions by Chinese companies. 7 This creates a new type of consumer base. 8 They believe the American government should take steps to protect itself from the ever growing economic threat of the Chinese market.

1. 듣고 풀자

청취 지문은 절대로 커닝하지 말고 시험 보는 학생의 마음으로 진지하게 풀어보세요.

1) 일본 정부가 중국 정부에게 기대하는 것은?

a 수입 관세를 철폐해주길 바란다.

b 민간 교류를 활성화해주길 바란다.

c 민간의 과격한 조치를 막아주길 바란다.

d 역사 왜곡의 잘못을 인정하길 바란다.

2) What is the difference between diplomatic ties and trade relationships between Japan and China?

a Diplomatic ties have blossomed while trade relations have worsened.

b Trade relations have improved while diplomatic ties remain unstable.

c Diplomatic ties and trade relations are both improving.

d Diplomatic ties and trade relations are both facing difficulties.

▲ blossom 활발해지다, 활기를 띠다   diplomatic 외교의, 외교 관계의

3) What is China's largest retail group protesting about?

a Expensive Japanese beer and food products.

b Japanese business strategies in China.

c The Chinese government's weak foreign policies regarding Japan.

d The Japanese government's approval of a history textbook.

▲ retail 소매의, 소매로   approval 시인, 찬성

1. 다시 듣고 해석해보자

지문을 눈으로 읽어 내려가며 다시 한 번 집중해서 들어보세요.

Diplomatic ties between Japan and China have never really been smooth. Their trade relationship has blossomed, though. China is now Tokyo's biggest business partner. But China's largest retail group has urged shops to halt sales of Japanese beer and food products to protest Tokyo's approval of a controversial history book. Such measures are straining the already tense relationship between the two countries. The Japanese government hopes that the Chinese government will pressure the Chinese public from carrying out or participating in such drastic actions.

중·일 두 나라 간 외교 관계는 한 번도 원만한 적이 없었지만, 무역 관계는 원활하기 그지없었습니다. 현재 중국은 일본의 제1교역 상대국입니다. 그러나 중국 최대의 유통 그룹이 일본의 역사 왜곡 교과서 승인에 항의해 각 상점에 일본 맥주와 식품 판매를 중지하라고 압력을 가하는 상태입니다. 이와 같은 조치들은 이미 긴장 상태에 있는 양국 간의 관계를 더욱 악화시키고 있습니다. 일본 정부는 중국 민간에서 이런 과격한 조치를 취하거나 거기에 동참하지 않도록 중국 정부가 압력을 행사해주기를 기대하고 있습니다.

정답 1c2b3d

○ controversial 논쟁의, 논의의 여지가 있는   tense 팽팽한, 긴장시키는
pressure ~ from -ing ~가 -하지 못하게 압력을 가하다

2. 듣고 풀자

청취 지문은 절대로 커닝하지 말고 시험 보는 학생의 마음으로 진지하게 풀어보세요.

1) 이 뉴스의 주제는?

a 제품 판매 시 주의할 점

b 제품 구입 시 주의할 점

c 제품 환불 시 주의할 점

d 제품 배달 시 주의할 점

2) What is the number one mistake people make when selling items?

a They ask too few questions.

b They try to regulate meetings.

c They ask too many questions.

d They are only interested in money.

▲ regulate 통제하다, 조절하다   interested in ~에 흥미 있는, 관심 있는

3) All of the following are things to do during a sales meeting that have been mentioned in the article EXCEPT _____.

a be punctual and speak clearly

b listen attentively to the customer

c do not go into a lengthy technical debate

d discuss the good points of your item

▲ attentively 주의 깊게, 세심하게

The number one mistake most people make when selling items is that they don't ask enough questions. The way to control sales meetings is to ask questions. Also listen carefully to the customer. Promote the benefits of a product and don't get stuck in a technical discussion. Getting stuck in a boring technical discussion will only help to cause potential customers to lose their initial interest in the product. Just remember to deliver short but specific details relevant to the product's efficiency.

물건을 판매할 때 사람들이 가장 저지르기 쉬운 실수는 충분히 질문하지 않는다는 점입니다. 물건을 팔기 위한 고객과의 대화에서 기선을 잡는 방법은 고객에게 질문을 던지는 것입니다. 그다음 고객의 말에 귀 기울여야죠. 제품의 장점을 설명하되, 기술적인 설명에 집착해서는 안 됩니다. 따분한 기술적 설명에 열중한다면, 잠재 소비자들이 제품에 대하여 가지고 있던 초기의 관심을 잃게 만들 뿐입니다. 요컨대 명심해야 할 것은, 제품의 효율성에 관한 짧지만 구체적인 세부 설명을 전달해야 한다는 점입니다.

정답 1a2a3a

○ sales meeting 여기서는 '판매자와 소비자가 물건을 놓고 나누는 대화'를 가리킴
promote 선전을 통해 판매를 촉진시키다   benefit 이익, 이득
relevant to ~와 관련된, 적절한, 타당한   deliver 배달하다, 전달하다

3. 듣고 풀자

청취 지문은 절대로 커닝하지 말고 시험 보는 학생의 마음으로 진지하게 풀어보세요.

1) 중국인 노동자 한 명의 시간당 임금은?

    a   약 50센트

    b   약 1달러 50센트

    c   약 7달러

    d   약 17달러

2) Why are American manufacturers moving to China?

    a   Because of the Chinese government's free trade policy.

    b   The state of the art technology found in China.

    c   Because of the rising costs of labor in other countries.

    d   They want to sell their products in China.

▲ manufacturer 제조업자, 생산자   free trade 자유무역

3) Why is it not a surprise that China is turning into the production center of the world?

    a   It is because China has the largest population in the world.

    b   It is because Chinese producers are busy expanding their business abroad.

    c   It is because China has very cheap labor.

    d   It is because China is positioned in the center of Asia.

▲ expand 확장하다   abroad 외국으로, 국외로

Higher labor costs in Mexico are driving American retail manufacturers to China. Hiring a U.S. worker costs up to 17 dollars an hour while in China just over 50 cents. It's no surprise China is turning into the production center of the world. In just a few years' time, many items which require superior technology to produce will also have the 'Made in China' phrase imprinted on them. Then how must we interpret such phenomenons? Should we be alarmed?

미국 소매 제조업체들이 멕시코의 노동 비용 상승으로 (멕시코에서) 중국으로 눈을 돌리고 있습니다. 미국인 노동자 한 명의 시간당 임금이 17달러인 데 반해 중국에선 50센트가 약간 넘는 수준입니다. 중국이 세계의 생산의 중심으로 거듭나는 게 당연한 일이지요. 불과 몇 년 내에 우수한 품질을 요하는 상당수 품목에 '메이드 인 차이나'가 찍혀서 나올 것입니다. 그렇다면 이러한 현상을 어떻게 설명해야 할까요? 경각심을 가져야 할까요?

정답 1a2c3c

○ cost 비용, 경비   superior 위의, 상급의
imprint 누르다, 찍다, 인쇄하다, 감명을 주다   phenomenon 현상
interpret ~의 뜻을 해석하다, 설명하다, 통역하다

듣고 받아써보자

답안을 커닝하면 아무런 학습효과도 볼 수 없습니다. 답안을 가리고 받아쓰기에 임하세요.

1. _____ have never really been smooth.

2. Such measures _____ the two countries.

3. The Japanese government hopes that the Chinese government _____ in such drastic actions.

4. The number one mistake most people make when selling items is _____ .

5. Promote the benefits of a product and _____ .

6. Getting stuck in a boring technical discussion will only help to cause potential customers _____ .

7. Just _____ relevant to the product's efficiency.

8. Higher labor costs in Mexico are _____ .

9. It's no surprise China _____ of the world.

10. Then _____ such phenomenons?

정답 1 Diplomatic ties between Japan and China 2 are straining the already tense relationship between 3 will pressure the Chinese public from carrying out or participating 4 that they don't ask enough questions 5 don't get stuck in a technical discussion 6 to lose their initial interest in the product 7 remember to deliver short but specific details 8 driving American retail manufacturers to China 9 is turning into the production center 10 how must we interpret

바꿔 말해보자

한글 문장들을 영어로 바꿔 말해보세요. 혹시 잘 모르겠어도 일단 용감하게 도전해보세요.

1. 요컨대 명심해야 할 것은 제품의 효율성에 관한 짧지만 구체적인 세부 설명을 전달해야 한다는 점입니다.

2. 중국과 일본의 외교 관계는 한 번도 원만한 적이 없었습니다.

3. 제품의 장점을 설명하되, 기술적인 설명에 집착해서는 안 됩니다.

4. 그럼 이러한 현상을 어떻게 설명해야 할까요?

5. 미국 소매 제조업체들이 멕시코의 노동 비용 상승으로 중국으로 눈을 돌리고 있습니다.

6. 물건을 판매할 때 사람들이 가장 저지르기 쉬운 실수는 충분히 질문하지 않는다는 점입니다.

7. 따분한 기술적 설명에 열중한다면 잠재 소비자들이 제품에 대하여 가지고 있던 초기의 관심을 잃게 만들 뿐입니다.

8. 이와 같은 조치들은 이미 긴장 상태에 있는 양국 간의 관계를 더욱 악화시키고 있습니다.

정답 1 Just remember to deliver short but specific details relevant to the product's efficiency. 2 Diplomatic ties between Japan and China have never really been smooth. 3 Promote the benefits of a product and don't get stuck in a technical discussion. 4 Then how must we interpret such phenomenons? 5 Higher labor costs in Mexico are driving American retail manufacturers to China. 6 The number one mistake most people make when selling items is that they don't ask enough questions. 7 Getting stuck in a boring technical discussion will only help to cause potential customers to lose their initial interest in the product. 8 Such measures are straining the already tense relationship between the two countries.

1. 듣고 풀자

청취 지문은 절대로 커닝하지 말고 시험 보는 학생의 마음으로 진지하게 풀어보세요.

1) 현재 러시아가 겪는 문제로 언급된 것이 아닌 것은?

a 빈부 격차
b 부정 부패
c 경제 불안
d 인구 고령화

2) Which of the following does Russia's economy depend on?

a Gas
b Lumber
c Coal
d Gold

▲ lumber 재목

3) What are experts worried about for Russia?

a They are worried about the economy's overdependence on oil.
b They are bothered by the gap between EU nations and Russia.
c They are concerned about Russia's relationship with EU.
d They are nervous about social problems that might occur in the future.

▲ overdependence 지나친 의존   be concerned about ~을 염려하다

1. 다시 듣고 해석해보자

지문을 눈으로 읽어 내려가며 다시 한 번 집중해서 들어보세요.

Russia is an economy growing prosperous on oil and gas revenues. Rich Russians have wealth in billions of dollars. But the average Russian earns just under $10,000 a year-about a third of EU's average. As this gap between rich and poor Russians increases, experts are worried that far greater social problems are in store for Russia. Like in most developing countries, Russia is showing signs of a large economic gap between the rich and the poor. However, with rampant corruption and an unstable economy Russia's problems might only be getting bigger.

러시아 경제는 석유와 천연가스 수출로 성장일로에 있습니다. 부유한 러시아인들은 수십억 달러의 재산을 소유하고 있습니다. 그러나 일반 러시아인들의 평균 연봉은 1만 달러도 안 되며 이것은 EU 평균의 3분의 1에 불과합니다. 러시아의 빈부 격차가 극심해지면서 전문가들은 향후 러시아에 더 큰 사회적 문제가 야기될 것을 염려하고 있습니다. 대다수 개발도상국들과 마찬가지로, 러시아 역시 빈부 간의 상당한 경제적 격차 현상을 보이고 있습니다. 하지만 만연한 부패와 경제 불안으로 인해 러시아의 각종 문제들이 점차 커져만 가고 있습니다.

정답 1d 2a 3d

> ○ prosperous 번영하는   revenue 소득, 수입   in store 잠재된
> rampant 과격한, 사나운, 만연하는   corruption 타락, 부패, 위법 행위
> unstable 불안정한, 흔들거리는

88 3030 English 듣기 4탄

2. 듣고 풀자

청취 지문은 절대로 커닝하지 말고 시험 보는 학생의 마음으로 진지하게 풀어보세요.

1) 다음 중 사실이 아닌 것은?

a   나이키는 2008년 올림픽 공식 후원사로 지정되었다.

b   아디다스는 2008년 올림픽 공식 후원사로 지정되었다.

c   국제 스포츠계에 이름을 떨치고 있는 중국인 선수가 여럿 있다.

d   아디다스와 나이키는 서로 경쟁 관계에 있다.

2) What do youngsters want to see?

a   They wish to see famous people wearing certain brands.

b   They want to see Adidas battling with Nike.

c   They hope to see Nike as the official sponsor of the Olympics.

d   They demand cheaper products.

▲   battling 경쟁하는   sponsor 보증인, 후원자, 스폰서

3) What does Adidas have to do in the Chinese market?

a   They need to lower their prices.

b   They need to find a famous Chinese to market their product.

c   They need to overcome Nike in competition.

d   They need to sponsor the 2008 Beijing Olympics.

▲   market 마케팅하다, 판매(홍보)하다

2. 다시 듣고 해석해보자

지문을 눈으로 읽어 내려가며 다시 한 번 집중해서 들어보세요.

Adidas has claimed the role of official sponsor of the 2008 Olympics. Is this enough for Adidas to overcome their greatest rival, Nike? Teenagers want to see familiar faces wearing certain brands. Adidas needs to find a Chinese face for the Chinese market. And thanks to several Chinese athletes making a name for themselves in the international sports community, Adidas has a supply of talent to sponsor. Yet, one thing for certain is that Nike will definitely provide tough competition.

아디다스는 2008년 올림픽의 공식 후원사 자격을 따냈습니다. 하지만 그렇다고 그들의 가장 큰 경쟁사인 나이키를 제압할 수 있을까요? 젊은이들은 유명인들이 착용하는 브랜드를 선호합니다. 아디다스는 중국 시장을 위해 유명한 중국인을 찾아야 하는데, 국제 스포츠계에서 명성을 날리고 있는 중국인 선수들이 여럿 있어서, 아디다스는 후원할 만한 유명인을 찾아낼 수 있을 것입니다. 하지만 한 가지 분명한 것은, 나이키도 강력한 경쟁력을 갖추리란 것입니다.

정답 1a2a3b

- overcome 극복하다   familiar 익숙한   international 국제적인
  definitely 뚜렷하게, 명확하게   competition 경쟁

3. 듣고 풀자

청취 지문은 절대로 커닝하지 말고 시험 보는 학생의 마음으로 진지하게 풀어보세요.

1) 이 뉴스의 주제는?

   a   인도의 서구화

   b   인도의 노동력 시장

   c   인도의 경제력

   d   인도의 학력 수준

2) All of the following are kinds of work done in India EXCEPT _____.

   a   financial analysis

   b   architectural planning

   c   computer engineering

   d   Wall Street research

> financial 재무와 관련된, 재정의   computer engineering 컴퓨터공학
> analysis 분석

3) How is the U.S. reacting to India's high quality work?

   a   They are thinking of taking sanctions against India.

   b   They are taking full advantage of it by utilizing it.

   c   They are in a position to learn from the Indians.

   d   They wish to move their companies to India.

> sanction 제재   utilize 활용하다

지문을 눈으로 읽어 내려가며 다시 한 번 집중해서 들어보세요.

India puts out expensive high quality work. In fact, Wall Street research, financial analysis, even architectural plans are all being done around India. The latest trend in outsourcing is to go upscale to make more sophisticated products for the orders that are pouring in from the United States. If China is the world's factory, India is turning into the world's laboratory. India with its abundance of skilled, educated and cheap work force is attracting the interests of western companies hoping to cut labor costs.

인도는 현재 고가의 고품질 작업을 수출하고 있습니다. 월가의 주가 분석, 금융 연구, 심지어는 건축 설계까지도 모두 인도에서 이뤄지고 있습니다. 요즘 인도에선 아웃소싱의 고급화 트렌드가 나타나면서 더욱 고급화된 상품을 제공하고 있으며 미국에서 주문이 쏟아진다고 합니다. 중국이 전 세계의 공장이라면, 인도는 세계의 연구실로 변모하고 있습니다. 숙련된 높은 학력 수준의 저임금 노동력이 풍부한 인도는 노동 비용을 줄이고자 하는 서구 기업들의 주목을 받고 있습니다.

정답 1b2c3b

○ financial analysis 재정 분석, 금융 연구　　architectural 건축의
　outsourcing 부품을 국외 등에서 싸게 구입하여 조달하는 것
　upscale 고가의, 비싼　　labor cost 노동 비용, 인건비

듣고 받아써보자

답안을 커닝하면 아무런 학습효과도 볼 수 없습니다. 답안을 가리고 받아쓰기에 임하세요.

1. Russia is _____ oil and gas revenues.

2. Rich Russians _____.

3. _____ Russians increases, experts are worried that far greater social problems _____.

4. Like in most developing countries, Russia is _____ between the rich and the poor.

5. Adidas _____ of the 2008 Olympics.

6. Is this enough for Adidas _____, Nike?

7. Yet, _____ is that Nike will definitely _____.

8. In fact, Wall Street research, financial analysis, even architectural plans _____ India.

9. The latest trend in outsourcing is _____ for the orders that are pouring in from the United States.

10. If China is the world's factory, India _____.

정답 1 an economy growing prosperous on 2 have wealth in billions of dollars 3 As this gap between rich and poor, are in store for Russia 4 showing signs of a large economic gap 5 has claimed the role of official sponsor 6 to overcome their greatest rival 7 one thing for certain, provide tough competition 8 are all being done around 9 to go upscale to make more sophisticated products 10 is turning into the world's laboratory

바꿔 말해보자

한글 문장들을 영어로 바꿔 말해보세요. 혹시 잘 모르겠어도 일단 용감하게 도전해보세요.

1. 아디다스는 2008년 올림픽의 공식 후원사 자격을 따냈습니다.

2. 요즘 인도에선 아웃소싱의 고급화 트렌드가 나타나면서 더욱 고급화된 상품을 제공하고 있으며 미국에서 주문이 쏟아진다고 합니다.

3. 러시아 경제는 석유와 천연가스 수출로 성장일로에 있습니다.

4. 숙련된 높은 학력 수준의 저임금 노동력이 풍부한 인도는 노동 비용을 줄이고자 하는 서구 기업들의 주목을 받고 있습니다.

5. 중국이 전 세계의 공장이라면, 인도는 세계의 연구실로 변모하고 있습니다.

6. 하지만 그렇다고 아디다스의 가장 큰 경쟁사인 나이키를 제압할 수 있을까요?

7. 사실 주가 분석, 금융, 연구, 심지어는 건축 설계까지도 모두 인도에서 이뤄지고 있습니다.

8. 대다수 개발도상국들과 마찬가지로, 러시아 역시 빈부간의 상당한 경제적 격차 현상을 보이고 있습니다.

정답 1 Adidas has claimed the role of official sponsor of the 2008 Olympics. 2 The latest trend in outsourcing is to go upscale to make more sophisticated products for the orders that are pouring in from the United States. 3 Russia is an economy growing prosperous on oil and gas revenues. 4 India with its abundance of skilled, educated and cheap work force is attracting the interests of western companies hoping to cut labor costs. 5 If China is the world's factory, India is turning into the world's laboratory. 6 Is this enough for Adidas to overcome their greatest rival, Nike? 7 In fact, Wall Street research, financial analysis, even architectural plans are all being done around India. 8 Like in most developing countries, Russia is showing signs of a large economic gap between the rich and the poor.

94 3030 English 듣기 4탄

1. 듣고 풀자

청취 지문은 절대로 커닝하지 말고 시험 보는 학생의 마음으로 진지하게 풀어보세요.

1) 이 뉴스의 주제는?

  a 대통령 취임이 국제 정세에 미치는 영향

  b 대통령 취임이 문화계에 미치는 영향

  c 대통령 취임이 주가에 미치는 영향

  d 대통령 취임이 공직자들에게 미치는 영향

2) How did the oil market react to President Bush's election win?

  a Oil market prices rose.

  b Oil market prices fell.

  c The oil market increased its supply.

  d The oil market decreased its supply.

▲ election 선거   supply 공급   rise 상승하다

3) How did currency traders react to the rise in the U.S. dollar?

  a They were surprised by the changes in strength of the currency.

  b They were glad they voted for President George W. Bush.

  c They were not surprised that the dollar rose for only a short while.

  d They were glad it lasted throughout the morning.

▲ last 지속되다   currency 통화

지문을 눈으로 읽어 내려가며 다시 한 번 집중해서 들어보세요.

European stock prices rose when President George W. Bush was chosen to run a second term. The same reaction came from the oil market. The U.S. dollar rose throughout the morning, but currency traders were not surprised that the rally didn't last for long. A rise in stock prices occurs quite frequently with the inauguration of an American president. But President Bush's lack of popularity outside the United States resulted in only a brief rise in these prices.

조지 W. 부시 대통령의 재선 소식이 전해지면서 유럽 주가가 상승했으며 석유 시장에서도 같은 반응이 나타났습니다. 미 달러화도 오전 내내 상승했지만, 외환 딜러들의 예상대로 반등세는 오래가지 못했습니다. 미국에서 대통령이 취임할 때 주가가 상승하는 것은 흔히 있는 일이지만 부시 대통령의 경우에는 미국 이외의 국가에서 인기가 없다 보니 주가 상승 기간이 아주 짧았습니다.

정답 1c2a3c

- reaction 반응   throughout ~의 전체에 걸쳐서
  currency trader 외환 딜러   rally 회복, 반등   inauguration 취임(식)

2. 듣고 풀자

청취 지문은 절대로 커닝하지 말고 시험 보는 학생의 마음으로 진지하게 풀어보세요.

1) IBM과 관련된 소문에 대한 업계 종사자들의 반응은?

a 당연하다고 생각한다.

b 충격적이라고 생각한다.

c 획기적이라고 생각한다.

d 무관심하다.

2) What is the latest rumor surrounding IBM?

a IBM is developing a new laptop computer.

b Personal computers have been introduced in 1981.

c Plans to sell its personal computer business.

d To develop a new market in China.

▲ rumor 소문

3) According to the passage, what is the reason IBM used in making their decision?

a Increased productivity

b Decreasing demand

c Slower growth

d Technological failure

▲ productivity 생산력   demand 수요

2. 다시 듣고 해석해보자

지문을 눈으로 읽어 내려가며 다시 한 번 집중해서 들어보세요.

The IBM personal computer was introduced in 1981. However the tech pioneer is rumored to be selling its PC business to its biggest rival in China. Slower growth and lower profit margins were cited as reasons for this decision. This announcement comes as a shock to many people in the industry. Especially since the sale is going to be made to a rival Chinese firm.

IBM 퍼스널 컴퓨터는 1981년에 처음 출시되었습니다. 그러나 이 기술 선구자가 중국 최대 경쟁업체에게 본사의 퍼스널 컴퓨터 사업을 매각하기로 했다는 소문입니다. 성장 둔화와 수익 마진 감소가 이런 결정을 내리게 된 주원인이었다고 전해집니다. 이번 발표는 수많은 업계 종사자들에게 충격이었습니다. 특히, 라이벌 중국 기업에게 매각된다는 사실이 더욱 충격일 것입니다.

정답 1b2c3c

- tech 'technology'를 줄인 말   pioneer 선구자, 개척자
  profit margin 이윤 폭

3. 듣고 풀자

청취 지문은 절대로 커닝하지 말고 시험 보는 학생의 마음으로 진지하게 풀어보세요.

1) 미국인들의 구매 자제가 불러온 결과는?

　a　달러화가 강세로 돌아섰다.

　b　러시아와 일본인 구매자들이 활발한 활동을 보였다.

　c　중국인과 일본인 구매자 간의 경쟁이 과열됐다.

　d　중국의 수집가들이 고가품에 흥미를 잃었다.

2) According to the passage, why aren't Americans shopping globally?

　a　They feel that American art is better than the rest of the world.

　b　They can't find any satisfactory antiques in other parts of the world.

　c　There has been a decline in the popularity of global shopping.

　d　The weakening of the American dollar has prevented them from shopping.

▲ satisfactory 만족스러운　　weakening 약화　　antique 골동품

3) What are Russian shoppers doing?

　a　They are selling antiques to the Americans.

　b　They are selling antiques to the Japanese.

　c　They are buying antiques globally.

　d　They are buying antiques domestically

▲ domestically 국내에서, 국내적으로

3. 다시 듣고 해석해보자

지문을 눈으로 읽어 내려가며 다시 한 번 집중해서 들어보세요.

Half the world's art market is based in the United States. And the dollar's prolonged decline means Americans are not shopping much on a global scale. However Russian and Japanese shoppers of antiques are taking their place. Art buyers from these two countries have been active in this market for the past few years. Interestingly, there are signs of wealthy Chinese art collectors entering this up-scale market as well.

세계 예술품 시장의 절반이 미국에 근거를 두고 있습니다만, 달러화 약세가 장기화되면서 미국인들은 국제적인 구매를 자제하고 있습니다. 그 대신에 러시아와 일본의 골동품 구매자들이 이들의 자리를 차지해가고 있습니다. 과거 몇 년 동안 이들 두 국가의 미술품 구매자들이 이 시장에서 적극적으로 활동했습니다. 흥미로운 것은 부유한 중국의 미술품 수집가들도 이러한 고가품 시장에 뛰어들 조짐이 보인다는 점입니다.

정답 1b2d3c

○ based ~의 기지를 두다, ~에 의거하다　prolonged decline 장기화된 약세
　global scale 세계 규모　upscale 풍부한, 높은, 고소득층에 속하는

듣고 받아써보자

답안을 커닝하면 아무런 학습효과도 볼 수 없습니다. 답안을 가리고 받아쓰기에 임하세요.

1. European stock prices rose when President George W. Bush
   _____ .

2. The U.S. dollar rose throughout the morning, but currency traders were not surprised _____ .

3. But President Bush's lack of popularity outside the United States _____ in these prices.

4. However the tech pioneer _____ to its biggest rival in China.

5. Slower growth and lower profit margins _____ .

6. This announcement _____ in the industry.

7. Especially since _____ to a rival Chinese firm.

8. _____ is based in the United States.

9. And the dollar's prolonged decline means Americans _____ .

10. Interestingly, there are signs of wealthy Chinese art collectors _____ .

정답 1 was chosen to run a second term 2 that the rally didn't last for long 3 resulted in only a brief rise 4 is rumored to be selling its PC business 5 were cited as reasons for this decision 6 comes as a shock to many people 7 the sale is going to be made 8 Half the world's art market 9 are not shopping much on a global scale 10 entering this upscale market as well

한글 문장들을 영어로 바꿔 말해보세요. 혹시 잘 모르겠어도 일단 용감하게 도전해보세요.

1. 그러나 이 기술 선구자가 중국 최대 경쟁업체에게 본사의 퍼스널 컴퓨터 사업을 매각하기로 했다는 소문입니다.

2. 미국에서 대통령이 취임할 때 주가가 상승하는 것은 흔히 있는 일입니다.

3. 세계 예술품 시장의 절반이 미국에 근거를 두고 있습니다.

4. 과거 몇 년 동안 이들 두 국가의 미술품 구매자들이 이 시장에서 적극적으로 활동했습니다.

5. 흥미로운 것은, 부유한 중국의 미술품 수집가들도 이러한 고가품 시장에 뛰어들 조짐이 보인다는 점입니다.

6. 미 달러화도 오전 내내 상승했지만, 외환 딜러들의 예상대로 반등세는 오래가지 못했습니다.

7. 이번 발표는 업계종사자들에게 충격적입니다.

8. 그리고 달러화 약세가 장기화되면서 미국인들은 국제적인 구매를 자제하고 있습니다.

정답 1 However the tech pioneer is rumored to be selling its PC business to its biggest rival in China. 2 A rise in stock prices occurs quite frequently with the inauguration of an American president. 3 Half the world's art market is based in the United States. 4 Art buyers from these two countries have been active in this market for the past few years. 5 Interestingly, there are signs of wealthy Chinese art collectors entering this upscale market as well. 6 The U.S. dollar rose throughout the morning, but currency traders were not surprised that the rally didn't last for long. 7 This announcement comes as a shock to many people in the industry. 8 And the dollar's prolonged decline means Americans are not shopping much on a global scale.

1. 듣고 풀자

DAY -12

청취 지문은 절대로 커닝하지 말고 시험 보는 학생의 마음으로 진지하게 풀어보세요.

1) 경찰들이 임무 수행에 어려움을 겪을 것으로 예상되는 이유는?

a 사회적 문제가 많아서

b 정부의 지원이 부족해서

c 관광객 수가 너무 많아서

d 민간인의 협조가 부족해서

2) What are Indian officials hoping Tourism will do for India?

a They hope tourism will increase the amount of foreign investment.

b They want foreigners to migrate to the country.

c They hope tourism can drive the economy forward.

d They think tourism is an important industry to practice administration.

migrate 이주하다   drive ~을 이끌다, 주도하다   administration 관리, 경영, 행정

3) What is the first mission of New Delhi's new policemen?

a To give the impression that India is a safe country.

b To arrest corrupted officials and politicians.

c To deal with foreign criminals.

d To provide protection to local authorities.

corrupted 부패한   criminal 범죄자   impression 인상, 감명
authority 당국, 권위   politician 정치가

1. 다시 듣고 해석해보자

지문을 눈으로 읽어 내려가며 다시 한 번 집중해서 들어보세요.

Indian officials are hoping that tourism is a way to energize the economy and are making a strong push to promote it. Hence, India's first police force dedicated to safety of tourists begins their patrol of the streets of New Delhi. Their first mission is to promote India as a safe destination. In a country where there are plenty of social problems, these police officers will have a challenging time carrying out their duties.

인도 정부 관계자들은 관광이 경제를 부흥시킬 방안이 되길 바라며 관광 홍보를 강력하게 추진하고 있습니다. 따라서 관광객의 안전을 전담할 최초의 경찰대가 뉴델리 거리를 순찰하기 시작했습니다. 이들의 첫 임무는 인도를 안전한 관광지로 승격시키는 것입니다. 사회적 문제가 많은 국가에서는 이러한 임무를 띤 경찰들이 자신의 임무를 다하느라 악전고투하게 마련입니다.

정답 1a2c3a

○ energize 활기를 돋우다   dedicated 특정한 목적을 위한, 전용의
   patrol 순찰, 순회   destination 목적지, 목적, 용도

2. 듣고 풀자

청취 지문은 절대로 커닝하지 말고 시험 보는 학생의 마음으로 진지하게 풀어보세요.

1) 런던 관광객의 연간 소비 지출액은?

   a   25억 달러

   b   27억 달러

   c   200억 달러

   d   250억 달러

2) What happened in London after the terrorist attack?

   a   Terrorists warned of another attack in the coming months.

   b   The government had problems cleaning up the site of the explosion.

   c   The number of shoppers decreased by more than a quarter than the previous year.

   d   A large sale was held to boost consumer confidence.

▲ warn of ~을 경고하다   boost 끌어올리다, 증대시키다
site 부지, 지역, 현장   quarter (전체의) 1/4

3) Why are some tourists nervous?

   a   They are worried about paying one fifth of the UK's economic output.

   b   They are nervous about the increase in price of products in England.

   c   They are anxious about the decrease of tourists in England.

   d   They are worried about the terrorist attack which took place in London.

▲ one fifth 1/5

The number of people shopping in London on Saturday after the terrorist attack was 27% lower than the same date last year. Some of the biggest spenders are tourists. They spend around 25 billion dollars a year in the capital—that's nearly one fifth of the UK's economic output. The attacks have made them nervous about visiting. The government, in the hopes of bringing back these tourists, is tightening security throughout the city. But only time will tell if these steps are enough to bring back the tourists.

테러 공격 후 토요일 런던 쇼핑객 수가 전년 대비 27% 줄었습니다. 소비 지출이 가장 많은 사람들 중 상당수는 관광객들입니다. 매년 250억 달러, 즉 영국 국내 총생산의 1/5 수준을 관광객들이 런던에서 쓰고 갑니다. 테러 공격으로 인해 관광객들은 런던 방문을 꺼리게 되었습니다. 정부는 관광객을 다시 유치하고자 하는 바람으로 시 전체의 치안을 강화하고 있습니다. 그러나 이러한 조치로 인해 관광객들이 다시 돌아올지 여부는 시간이 지나 봐야 알 수 있을 것입니다.

정답 1d2c3d

○ output 산출, 작품   nervous 신경 과민한, 불안한   security 안전, 보안

3. 듣고 풀자

청취 지문은 절대로 커닝하지 말고 시험 보는 학생의 마음으로 진지하게 풀어보세요.

1) 아프리카의 빈곤 수준이 개선되지 못하는 이유는?

    a   공산주의를 지지하기 때문에

    b   서방 선진국들이 원조를 끊었기 때문에

    c   원조 자금이 잘못된 곳에 쓰였기 때문에

    d   부족 간 내전 때문에

2) What do supporters say about the debt relief plan?

    a   They say it is a global effort.

    b   They feel it is a necessary step towards peace.

    c   They want more pressure on richer nations.

    d   They feel it is a needed stage to combat poverty.

> relief 경감, 제거, 안도   combat 싸우다   pressure 압력, 압박
> poverty 가난, 빈곤

3) Why did western countries provide aid to corrupt governments?

    a   These governments promised not to turn communist.

    b   Western countries had too much money to invest.

    c   Corrupt governments lent money to western countries in the past.

    d   These governments sold natural resources to the West.

> natural resources 천연자원

지문을 눈으로 읽어 내려가며 다시 한 번 집중해서 들어보세요.

Supporters of the debt relief plan say it is a necessary step in the fight against poverty in Africa and in promoting good governance in this region. During the 1970's and 1980's, rich western countries lent billions of dollars to corrupt governments with the promise that they will oppose communism. However, these dollars were used by governments to impose further control on their people and not for their welfare. Decades later, the poverty levels in Africa have not improved or worsened.

부채 삭감안을 환영하는 이들은 이것이야말로 아프리카 빈곤 퇴치와 이 지역 정치 투명성 재고를 향한 필수적인 조치라고 말합니다. 1970년대와 1980년대에 서방 선진국들은 부패한 정부들에게 공산주의를 반대한다는 다짐을 받고 수십 억 달러의 차관을 제공했습니다. 하지만 이러한 자금은 정부에 의해 국민들의 복지가 아니라 국민을 통제하는 힘을 더욱 강화하는 데에 사용되었습니다. 수십 년이 지났지만, 아프리카의 빈곤 수준은 개선되지도 악화되지도 않은 똑같은 수준에 처해 있습니다.

정답 1c2d3a

- debt relief (구제로서의) 부채 삭감   governance 통치, 관리
  oppose ~에 반대하다   impose 지우다, 부과하다, 강요하다
  welfare 복지   worsen 악화되다, 악화시키다

듣고 받아써보자

답안을 커닝하면 아무런 학습효과도 볼 수 없습니다. 답안을 가리고 받아쓰기에 임하세요.

---

1. Indian officials are hoping that _____ and are making a strong push to promote it.

2. Hence, India's first police force _____ begins their patrol of the streets of New Delhi.

3. Their first mission is _____ .

4. In a country _____ , these police officers will have a challenging time _____ .

5. _____ on Saturday after the terrorist attack was 27% lower than the same date last year.

6. _____ in the capital— that's nearly one fifth of the UK's economic output.

7. The attacks _____ about visiting.

8. But only time will tell _____ the tourists.

9. Supporters of the debt relief plan say _____ in Africa and in promoting good governance in this region.

10. Decades later, the poverty levels in Africa _____ .

정답 1 tourism is a way to energize the economy 2 dedicated to safety of tourists 3 to promote India as a safe destination 4 where there are plenty of social problems, carrying out their duties 5 The number of people shopping in London 6 They spend around 25 billion dollars a year 7 have made them nervous 8 if these steps are enough to bring back 9 it is a necessary step in the fight against poverty 10 have not improved or worsened

바꿔 말해보자

한글 문장들을 영어로 바꿔 말해보세요. 혹시 잘 모르겠어도 일단 용감하게 도전해보세요.

1. 사회적 문제가 많은 국가에서는 이러한 임무를 띤 경찰들이 자신의 임무를 다하느라 악전고투하게 마련입니다.

2. 수십 년이 지났지만, 아프리카의 빈곤 수준은 개선되지도 악화되지도 않은 똑같은 수준에 처해 있습니다.

3. 테러 공격 후 토요일 런던 쇼핑객 수가 전년 대비 27% 줄었습니다.

4. 인도 정부 관계자들은 관광이 경제를 부흥시킬 방안이 되길 바라며 관광 홍보를 강력하게 추진하고 있습니다.

5. 그러나 이러한 조치로 인해 관광객들이 다시 돌아올지 여부는 시간이 지나봐야 알 수 있을 것입니다.

6. 이들의 첫 임무는 인도를 안전한 관광지로 승격시키는 것입니다.

7. 부채 삭감안을 환영하는 이들은 이것이야말로 아프리카 빈곤 퇴치와 이 지역 정치 투명성 제고를 향한 필수적인 조치라고 말합니다.

8. 따라서 관광객의 안전을 전담할 최초의 경찰대가 뉴델리 거리를 순찰하기 시작했습니다.

정답 1 In a country where there are plenty of social problems, these police officers will have a challenging time carrying out their duties. 2 Decades later, the poverty levels in Africa have not improved or worsened. 3 The number of people shopping in London on Saturday after the terrorist attack was 27% lower than the same date last year. 4 Indian officials are hoping that tourism is a way to energize the economy and are making a strong push to promote it. 5 But only time will tell if these steps are enough to bring back the tourists. 6 Their first mission is to promote India as a safe destination. 7 Supporters of the debt relief plan say it is a necessary step in the fight against poverty in Africa and in promoting good governance in this region. 8 Hence, India's first police force dedicated to safety of tourists begins their patrol of the streets of New Delhi.

1. 듣고 풀자

청취 지문은 절대로 커닝하지 말고 시험 보는 학생의 마음으로 진지하게 풀어보세요.

1) 이 뉴스의 주제는?

a 온라인 게임의 인기
b 온라인 쇼핑의 인기
c 마케팅 전략
d 웹사이트 관리 방법

2) If you want to run an online shopping store what must you remember?

a The importance of customer satisfaction
b The need for increasing sales
c The online shopping craze
d The role of the Internet in today's society

▲ customer satisfaction 고객 만족   craze 열광, 대유행

3) What are some people claiming about online shopping?

a Some are claiming the next most popular product will be bubble soap.
b They are claiming online shopping is addictive.
c They claim online shopping's popularity will soon die down.
d They believe in the importance of online shopping to the economy.

▲ addictive 중독성 있는   popularity 인기, 유행

1. 다시 듣고 해석해보자

지문을 눈으로 읽어 내려가며 다시 한 번 집중해서 들어보세요.

The popularity of online shopping is increasing daily. Then what is an important thing for online shopping managers to remember? Studies have found that the fundamental factor which drives sales is consumer satisfaction. However some are claiming online shopping is just a bubble. Yet, it cannot be denied that this bubble is generating yearly sales of millions of dollars for small scale website managers.

온라인 쇼핑의 인기가 날로 높아지고 있습니다. 이와 맞물려 온라인 쇼핑 경영인들이 기억해야 할 것은 무엇일까요? 매출을 촉진하는 근본적인 요소는 고객 만족이라는 연구 결과가 나왔습니다. 반면에 온라인 쇼핑이 단지 거품 현상에 지나지 않는다고 지적하는 이들도 있습니다. 하지만 이러한 거품이 매년 소규모 웹사이트 관리자들에게 수백만 달러의 매출을 안겨주고 있다는 사실만은 부인할 수 없을 것입니다.

정답 1b2a3c

○ fundamental 근본적인, 중요한   bubble 거품 같은 계획, 사기(일시적이라는 의미)
generate 낳다, 발생시키다, 가져오다   yearly 매년의, 연 1회의

2. 듣고 풀자

청취 지문은 절대로 커닝하지 말고 시험 보는 학생의 마음으로 진지하게 풀어보세요.

1) 다음 중 사실이 아닌 것은?

    a   런던은 유럽에서 물가가 가장 높다.

    b   오사카의 물가 순위는 13위이다.

    c   아순시온은 파라과이에 있는 도시이다.

    d   부유한 도시에도 가난한 사람들이 있다.

2) According to the passage why is London one of the most expensive cities in the world?

    a   It has vast natural resources.

    b   It has a strong currency.

    c   It has a long history.

    d   It has a powerful military.

▲ vast 광대한, 거대한   currency 통용, 유통   resource 자원, 수단
military 군의, 군대의

3) All of the cities were mentioned as affluent cities EXCEPT _____.

    a   New York

    b   Osaka

    c   London

    d   Asuncion

▲ affluent 풍부한, 부유한

2. 다시 듣고 해석해보자

지문을 눈으로 읽어 내려가며 다시 한 번 집중해서 들어보세요.

London is the most expensive city to live in Europe and is only behind Osaka and Tokyo in the world. One of the reasons for this is the strength of the pound. On the other hand, New York ranks only number 13 in the global list. How about the cheapest city in the world? Asuncion in Paraguay. However, we must remember that there are also people living in poverty in some of the richest cities in the world.

런던은 유럽에서 물가가 가장 높은 곳이며 세계적으로는 오사카와 도쿄의 바로 뒤를 잇고 있습니다. 파운드화의 통화가치가 높은 것이 그 이유 중 하나입니다. 반면 뉴욕은 전 세계에서 13위를 차지하고 있습니다. 세계에서 물가가 가장 낮은 도시는 어디일까요? 파라과이에 있는 아순시온입니다. 어쨌거나 세계에서 가장 부유한 도시에도 빈곤 속에 살아가는 사람들이 있다는 점을 우리는 명심해야 합니다.

정답 1b2b3d

○ expensive 비싼   strength 강세   rank ~순위를 차지하다
cheapest 가장 싼

3. 듣고 풀자

청취 지문은 절대로 커닝하지 말고 시험 보는 학생의 마음으로 진지하게 풀어보세요.

1) 팔레스타인 학생들이 등교하는 데 어려움을 겪는 이유로 언급된 것은?

a 이스라엘 군의 제지로 인해

b 경제적 어려움으로 인해

c 학교가 멀리 떨어져 있어서

d 폭격의 위험으로 인해

2) How are Palestinian universities using technology?

a They are creating an obvious way of doing things.

b They are developing hi-tech weaponry.

c As a communication device for online teaching.

d They are informing residents of Israeli attacks.

▲ obvious 명백한   resident 거주자   weaponry 무기류

3) What has happened in Palestine since 2000?

a There has been an increase in computer usage for educational motives.

b The peace accord with Israel has been broken.

c Technology has helped develop Palestine into a leading nation in telecommunication.

d It has taken center stage in the global technology market.

▲ motive 동기, 목적   accord 협정, 조화

3. 다시 듣고 해석해보자

지문을 눈으로 읽어 내려가며 다시 한 번 집중해서 들어보세요.

Palestinians are using technology in fresh new ways. Some Palestinian universities are using technology to help students who can't make it to class stay informed about their course work. The number of Palestinians who use computers for educational purposes has increased 30% since 2000. This method has proven to be successful as many students have difficulty commuting from their homes to schools due to the restrictions of the Israeli army.

팔레스타인에서는 혁신적인 새로운 방법으로 첨단기술을 활용하고 있습니다. 일부 팔레스타인 대학에서 출석할 수 없는 학생의 교과과정 이수를 돕기 위해 이러한 기술을 동원하고 있습니다. 교육 목적으로 컴퓨터를 이용하는 팔레스타인 인구가 2000년 이래 30% 증가했다고 합니다. 많은 학생들이 이스라엘 군의 제지로 인해 가정과 학교를 오가는 데 어려움을 겪으면서, 이와 같은 방법이 성공적임이 입증되었습니다.

정답 1a2c3a

○ prove ~인 것으로 판명되다   restriction 제지, 통제

듣고 받아써보자

답안을 커닝하면 아무런 학습효과도 볼 수 없습니다. 답안을 가리고 받아쓰기에 임하세요.

1. Then _____ online shopping managers to remember?

2. _____ the fundamental factor which drives sales is consumer satisfaction.

3. However some are claiming _____ .

4. Yet, _____ this bubble is generating yearly sales of millions of dollars for small scale website managers.

5. _____ is the strength of the pound.

6. _____ , New York ranks only number 13 in the global list.

7. _____ in the world?

8. Palestinians are using technology _____ .

9. Some Palestinian universities are using technology to help students _____ about their course work.

10. The number of Palestinians who use computers for educational purposes _____ .

정답 1 what is an important thing for 2 Studies have found that 3 online shopping is just a bubble 4 it cannot be denied that 5 One of the reasons for this 6 On the other hand 7 How about the cheapest city 8 in fresh new ways 9 who can't make it to class stay informed 10 has increased 30% since 2000

바꿔 말해보자

한글 문장들을 영어로 바꿔 말해보세요. 혹시 잘 모르겠어도 일단 용감하게 도전해보세요.

1. 일부 팔레스타인 대학에서 출석할 수 없는 학생의 교과과정 이수를 돕기 위해 이러한 기술을 동원하고 있습니다.

2. 많은 학생들이 이스라엘 군의 제지로 인해 가정과 학교를 오가는 데 어려움을 겪으면서, 이와 같은 방법이 성공적임이 입증되었습니다.

3. 그렇다면 온라인 쇼핑 경영인들이 기억해야 하는 것은 무엇일까요?

4. 팔레스타인에서는 혁신적인 새로운 방법으로 첨단 기술을 활용하고 있습니다.

5. 세계에서 물가가 가장 낮은 도시는 어디일까요?

6. 교육 목적으로 컴퓨터를 이용하는 팔레스타인 인구가 2000년 이래 30% 증가했습니다.

7. 매출을 촉진하는 근본적인 요소는 고객 만족이라는 연구 결과가 나왔습니다.

8. 그러나 세계에서 가장 부유한 도시에도 빈곤 속에 살아가는 사람들이 있다는 점을 우리는 명심해야 합니다.

정답 1 Some Palestinian universities are using technology to help students who can't make it to class stay informed about their course work. 2 This method has proven to be successful as many students have difficulty commuting from their homes to schools due to the restrictions of the Israeli army. 3 Then what is an important thing for online shopping managers to remember? 4 Palestinians are using technology in fresh new ways. 5 How about the cheapest city in the world? 6 The number of Palestinians who use computers for educational purposes has increased 30% since 2000. 7 Studies have found that the fundamental factor which drives sales is consumer satisfaction. 8 However, we must remember that there are also people living in poverty in some of the richest cities in the world.

118   3030 English 듣기 4탄

Section 3
Sports

스포츠에 관심 없는 사람들에게는
혹 어렵게 느껴질 수도 있는 듣기 주제입니다.
그렇지만 스포츠만큼 사람들과 대화하기 좋은 주제도 없지요.
잘 듣고 연습했다가 응용해서 말해보세요.

소리는 연음된다

우리말과 영어, 소리는 다르지만 공통점은 있다. 즉, 발음하기 편한 대로 소리
난다는 것이다. 우리가 '난로'라고 쓰고, 읽을 때는 '날로'라고 하는 것(자음동
화)이나 '같이'라고 쓰고 '가치'라고 읽는 것(구개음화)처럼 영어도 그렇다.
이렇게 하나의 소리가 본래의 소릿값에서 변화하여 발음되는 것은 다른 소리
와 만났기 때문이다. 저 혼자 있으면 '같', '이'라고 읽히지만, 둘이 만나면 '가
치'로 읽히는 것이다. would와 you도 만나면 [우드 유]가 아니라 [우쥬]가
된다. 물론 제멋대로 변하는 것 같아도, 여기에는 오묘한 원리가 있다.
'유유상종'. 비슷한 소리로 바꿔야 발음하기 편해지기 때문이다. 소리가 닮는
다는 것은 입 안에서 소리가 발생하는 위치(조음 위치)나, 조음 방식이 비슷한
소리로 변한다는 것이다. 복잡한 설명은 여기서 각설하고 아래의 연음 현상들
을 보고, 소리 내 읽어보자.

He gave me the package, **and I handed** over the money.
　　　　　　　　　　　　　[ændai] [hǽndidəvər]
The frequency **of use** is everyday.
　　　　　　　　[əvjuːz]

이번에는 [t]가 유성음 사이에 오면 [t]가 [r]로 변하는 현상을 주목하자.

submit it [səbmítit] → [səbmírit]
started [stɑrtid] → [stɑrid]
generating [dʒénəréitiŋ] → [dʒénəréiriŋ]
pull it off [pul it əf] → [pulirəf]

1. 듣고 풀자

청취 지문은 절대로 커닝하지 말고 시험 보는 학생의 마음으로 진지하게 풀어보세요.

1) 한국이 마지막으로 예선 경기를 치를 상대국은?

a 쿠웨이트

b 사우디아라비아

c 이란

d 독일

2) All of the following can be inferred from the passage EXCEPT _____.

a Korea qualified for the next World Cup

b Korea played this game in Kuwait

c Kuwait also qualified for the World Cup

d The match was delayed by a few minutes

▲ qualify 자격을 얻다   delay 지연시키다

3) Why did the crowd throw objects into the stadium?

a It was a Kuwaiti way of celebrating a game.

b They wanted to attack the Korean players.

c They were disappointed with their team's performance.

d It is a tradition in football games.

1. 다시 듣고 해석해보자

지문을 눈으로 읽어 내려가며 다시 한 번 집중해서 들어보세요.

Korea put on an impressive away performance as they humiliated Kuwait 4-0 on Wednesday to book their sixth consecutive World Cup appearance. The match was held up for several minutes after Korea's second goal as angry Kuwaitis threw objects onto the pitch in protest over their team's performance. Seemingly unaffected by this, the Korean side showed their superior quality by adding two more goals. The Korean team has one more qualifier to play against Saudi Arabia, another country which has already qualified, but irregardless of the result from this game Korea is going to Germany.

수요일, 한국은 6회 연속 월드컵 본선 진출을 위한 티켓을 놓고 벌어진 원정 경기에서 4 대 0으로 쿠웨이트를 완패시키는 인상적인 경기를 펼쳤습니다. 한국 팀이 두 번째 골을 성공시키자, 자국 팀의 부진한 경기 운영에 불만을 느낀 쿠웨이트 관중이 경기장 안으로 물건을 던지는 바람에 경기가 몇 분간 지연되기도 했습니다. 그러나 한국 팀은 이에 동요하지 않는 듯 여기에 두 골을 추가하며 뛰어난 역량을 과시했습니다. 한국은 이미 월드컵 진출권을 확보한 사우디아라비아와 한 차례 더 예선 경기를 치러야 하지만, 그 경기의 승패에 관계없이 독일행 티켓은 확보해놓은 상태입니다.

정답 1b2c3c

○ put on (실력을) 선보이다   away (스포츠) 원정 경기의
humiliate 창피를 주다, 굴복시키다   consecutive 연속의, 잇따른
hold up 지연시키다   seemingly 겉으로 보기에   qualifier 예선전
(ir)regardless of ~와 관계없이

2. 듣고 풀자

청취 지문은 절대로 커닝하지 말고 시험 보는 학생의 마음으로 진지하게 풀어보세요.

1) 이 뉴스의 주제는?

a 서재응 선수의 기량 회복

b 서재응 선수의 연봉

c 서재응 선수의 인기

d 서재응 선수의 부상

2) How did David Wright view Seo during spring training?

a He knew Seo would be a consistent pitcher for the Mets.

b He felt Seo was a timid pitcher.

c He thought Seo was going to be in the All-Star game.

d He viewed Seo as an optimistic person.

▲ consistent 변함없는, 일관된   timid 자신이 없는, 겁이 많은

3) Why is Seo's return to form important for the Mets?

a It is because they don't have to trade him.

b It is because they are fighting for a playoff spot.

c It is because the team lacks powerful hitters.

d It is because the team has high expectations for him.

▲ trade (선수를) 다른 팀에 보내다

2. 다시 듣고 해석해보자

지문을 눈으로 읽어 내려가며 다시 한 번 집중해서 들어보세요.

To third baseman David Wright, Seo looks like a totally changed man from the timid pitcher he remembers from Spring Training. Jae Seo's return to form has come at the right time for the Mets as they fight for a spot in the playoffs. He has become one of the most consistent Mets pitchers after the All-Star break. Although most major league teams have five starting pitchers, the Mets have six capable starting pitchers thanks to the emergence of Seo. Now all they have to do is concentrate on making the playoffs.

3루수 데이비드 라이트에게 서재웅 선수는 스프링 캠프 기간 동안 봐왔던 소심한 투수가 아닌, 완전히 딴 사람처럼 느껴지지 않을까 싶습니다. 플레이오프 진출권을 얻기 위해 분투하고 있는 메츠 쪽에서 본다면 아주 적절한 시기에 서재웅 선수가 컨디션을 되찾은 셈입니다. 그는 올스타 휴식 기간 이후 메츠의 가장 안정된 피칭을 하는 투수 중 하나로 자리를 굳혔습니다. 메이저 리그 팀들이 대부분 5명의 선발투수를 두고 있는 데 반해 메츠는 서재웅 선수의 출현으로 6명의 유능한 선발투수를 거느리게 된 것이죠. 이제 메츠에게는 플레이오프 진출을 위해 전력투구하는 일만 남았습니다.

정답 1a2b3b

○ form (경주마나 운동선수의) 과거의 성적, 몸의 컨디션
spot 지위, 순위. 여기서는 플레이오프에 진출하는 한 자리, 즉 '플레이오프 진출권'
All-Star break 시즌 중반에 벌어지는 올스타전을 전후하여 며칠 간 정규 시즌 경기를 쉬는 것(미국 프로야구는 올스타 게임을 기준으로 하여 전반기와 후반기로 나뉜다)
starting pitcher 선발투수

3. 듣고 풀자

청취 지문은 절대로 커닝하지 말고 시험 보는 학생의 마음으로 진지하게 풀어보세요.

1) 다음 중 사실이 아닌 것은?

a 박지성은 유럽으로 이적한 적이 있다.

b 퍼거슨 감독은 박지성의 평가 기준을 영국 프리미어 리그로 삼고 있다.

c 네덜란드 리그는 영국 리그에 비해 몸싸움이 더 격렬하다.

d 영국 리그는 네덜란드 리그에 비해 몸싸움이 더 격렬하다.

2) How did Sir Alex Ferguson know about Park Ji-sung?

a He heard about him from Guus Hiddink.

b His scouts were watching him.

c He saw him play on the television.

d He watch him play for Korea.

▲ scout 팀을 위해 선수를 발굴하고 영입할 대상자를 선정·분석하는 사람

3) What will be the biggest test for Park Ji-sung?

a To learn to speak better English.

b To follow closely the coach's instructions.

c To adapt to the new league.

d To prove his abilities in Europe.

▲ instruction 지시 사항   adapt 적응하다

지문을 눈으로 읽어 내려가며 다시 한 번 집중해서 들어보세요.

Park Ji-sung is a skilful and energetic player, who can play on the left or in the centre of midfield. Sir Alex Ferguson's network of scouts has closely followed Park's development since his relocation to Europe. For him, adapting to the English Premiership will be Park's biggest test as his pedigree on the European stage is already proven. The English premier league is faster and more physical than the Dutch league. So Park needs to prepare himself for these different aspects of football.

박지성은 미드필드 왼쪽이든 중앙이든 모두 소화해낼 수 있는 뛰어난 기량과 힘을 자랑하는 선수입니다. 알렉스 퍼거슨 감독의 스카우트 팀은 박지성이 유럽으로 이적한 이래 그의 실력 향상을 면밀히 지켜봐왔습니다. 퍼거슨 감독의 입장은, 유럽 무대에서 박지성의 전력은 이미 증명된 것이기 때문에, 영국 프리미어 리그에서 얼마나 잘 적응해내느냐가 가장 큰 평가의 기준이 되리라는 것입니다. 영국 프리미어 리그는 네덜란드 리그보다 더 빠르고 몸싸움도 더 격렬합니다. 따라서 박지성은 두 지역 축구의 이런 상이한 양상에 대해서 미리 마음의 준비를 해둘 필요가 있습니다.

정답 1c2b3c

● energetic 힘이 넘치는   relocation 이적(transfer), 배치, 이동
  pedigree 능력, 전력   aspect 국면, 양상

답안을 커닝하면 아무런 학습효과도 볼 수 없습니다. 답안을 가리고 받아쓰기에 임하세요.

1. The match _____ after Korea's second goal as angry Kuwaitis threw objects onto the pitch _____.

2. Seemingly unaffected by this, the Korean side _____ by adding two more goals.

3. Jae Seo's return to form _____ for the Mets as they fight for a spot in the playoffs.

4. He _____ Mets pitchers after the All-Star break.

5. Although most major league teams have five starting pitchers, the Mets have six capable starting pitchers _____.

6. _____ is concentrate on making the playoffs.

7. Park Ji-sung _____, who can play on the left or in the centre of midfield.

8. Sir Alex Ferguson's network of scouts _____ Park's development since _____.

9. For him, adapting to the English Premiership _____ as his pedigree on the European stage is already proven.

10. So Park _____ for these different aspects of football.

정답 1 was held up for several minutes, in protest over their team's performance 2 showed their superior quality 3 has come at the right time 4 has become one of the most consistent 5 thanks to the emergence of Seo 6 Now all they have to do 7 is a skilful and energetic player 8 has closely followed, his relocation to Europe 9 will be Park's biggest test 10 needs to prepare himself

바꿔 말해보자

한글 문장들을 영어로 바꿔 말해보세요. 혹시 잘 모르겠어도 일단 용감하게 도전해보세요.

1. 그러나 한국 팀은 이에 동요하지 않은 듯, 여기에 두 골을 추가하며 뛰어난 역량을 과시했습니다.

2. 따라서 박지성은 두 지역 축구의 이런 상이한 양상에 대해서 미리 마음의 준비를 해둘 필요가 있습니다.

3. 메이저 리그 팀들이 대부분 5명의 선발투수를 두고 있는 데 반해 메츠는 서재응 선수의 출현으로 6명의 유능한 선발투수를 거느리게 된 것이죠.

4. 박지성은 미드필드 왼쪽이든 중앙이든 모두 소화해낼 수 있는 뛰어난 기량과 힘을 자랑하는 선수입니다.

5. 그는 올스타 휴식 기간 이후 메츠의 가장 안정된 피칭을 하는 투수 중 하나로 자리를 굳혔습니다.

6. 알렉스 퍼거슨 감독의 스카우트 팀은 박지성이 유럽으로 이적한 이래 그의 실력 향상을 면밀히 지켜봐 왔습니다.

7. 플레이오프 진출권을 얻기 위해 분투하고 있는 메츠 쪽에서 본다면 아주 적절한 시기에 서재응 선수가 컨디션을 되찾은 셈입니다.

8. 이제 메츠에게는 플레이오프 진출을 위해 전력투구하는 일만 남았습니다.

정답 1 Seemingly unaffected by this, the Korean side showed their superior quality by adding two more goals. 2 So Park needs to prepare himself for these different aspects of football. 3 Although most major league teams have five starting pitchers, the Mets have six capable starting pitchers thanks to the emergence of Seo. 4 Park Ji-sung is a skilful and energetic player, who can play on the left or in the centre of midfield. 5 He has become one of the most consistent Mets pitchers after the All-Star break. 6 Sir Alex Ferguson's network of scouts has closely followed Park's development since his relocation to Europe. 7 Jae Seo's return to form has come at the right time for the Mets as they fight for a spot in the playoffs. 8 Now all they have to do is concentrate on making the playoffs.

1. 듣고 풀자

DAY-15

청취 지문은 절대로 커닝하지 말고 시험 보는 학생의 마음으로 진지하게 풀어보세요.

1) 미시간과 노선 일리노이의 경기가 열리는 날은?

a 목요일

b 금요일

c 토요일

d 일요일

2) What can you infer from the passage?

a Michigan is the top ranked school in college football.

b Michigan was predictable during offense last year.

c Michigan will not play Northern Illinois in their opening game.

d Michigan's opening game will be played on Sunday.

▲ predictable 예측 가능한

3) What problems did Michigan have last year?

a They couldn't deal with mobile quarterbacks.

b They didn't have enough spectators in their home games.

c They had a poor offense.

d They had a poor coach.

▲ quarterback 쿼터백. 미식축구에서 공격을 지휘하는 선수, 러닝백에게 공을
던져주는 선수   mobile quarterback 기동성 있는 쿼터백

1. 다시 듣고 해석해보자

지문을 눈으로 읽어 내려가며 다시 한 번 집중해서 들어보세요.

4th seed Michigan won't be as predictable on offense this season, as Northern Illinois will find out Saturday in the opener for both teams. Michigan didn't have problems scoring last year, but they did struggle against mobile quarterbacks in the last two games, losing both after giving up 37 and 38 points. This year Michigan hopes to challenge for the national title and have been training hard to overcome their mistakes from last season. Many fans are hoping for Michigan to have another successful season.

4번 시드를 배정 받은 미시간이 이번 시즌에는 어느 정도의 공격력을 선보일 것인지 현재로서는 예측할 수 없지만, 토요일 양팀 모두에게 첫 시합인 노선 일리노이와의 경기가 끝나고 나면 알 수 있을 것입니다. 작년 시즌 미시간은 득점력에는 문제가 없었지만 마지막 두 시합에서는 상대팀의 재빠른 쿼터백들 때문에 고전했고, 그 결과 그 두 게임 모두 37점과 38점을 내주면서 패했던 것입니다. 금년 시즌 미시간은 전국대회 타이틀에 도전해볼 수 있게 되기를 바라고 있으며, 지난 시즌의 실수를 되풀이하지 않기 위해 강도 높은 훈련을 해왔습니다. 많은 팬들은 미시간이 이번 시즌에도 선전해주기를 바라고 있습니다.

정답 1c2b3a

- **opener** 개막 게임
  didn't have problems scoring 득점을 올리는 데 문제가 없었다.(여기서는 득점력은 좋았으나 너무 많은 실점 때문에, 즉 수비 때문에 졌다는 문맥임)
  overcome 극복하다

2. 듣고 풀자

청취 지문은 절대로 커닝하지 말고 시험 보는 학생의 마음으로 진지하게 풀어보세요.

1) 웨버가 2년 전 기소된 죄목은?

a 법정 모독

b 명예 훼손

c 폭행

d 뇌물 수수

2) **Why was Chris Webber fined $100,000?**

a He didn't pay his fines for over two years.

b He was fined by the NBA for unsporting behavior.

c He was charged for being involved in a booster scandal.

d He was guilty of fixing matches.

▲ unsporting 운동 정신에 어긋나는(=unsportsmanlike)   booster 후원(자)

3) **What other penalties did Chris Webber have to serve other than paying a fine?**

a He had to go to prison.

b He had to do community service.

c He was banned from playing in games.

d He was kicked off his team.

▲ community service (잘못에 대한 처벌로써) 지역사회 봉사활동
kick off 추방하다, 쫓아내다

2. 다시 듣고 해석해보자

지문을 눈으로 읽어 내려가며 다시 한 번 집중해서 들어보세요.

Philadelphia 76ers player and former Michigan star Chris Webber was ordered to pay a $100,000 fine Wednesday, nearly two years after he pleaded guilty to a federal criminal contempt charge in the University of Michigan booster scandal. As part of his community service, Webber read to students at a Detroit program. Some critics say that Webber, who is trying to regain his old form with his current team, is being given a lighter sentence than he deserves.

현재 필라델피아 세븐티식서스 소속으로, 그 전에는 미시간대학교에서 가장 뛰어난 선수였던 크리스 웨버는 수요일, 법원으로부터 10만 달러의 벌금 납부 명령을 받았습니다. 이것은 그가 미시간대학교 후원회 스캔들과 관련된 법정모독 죄로 기소되어 연방 형사법원 판결을 받아들인 이후 근 2년 만의 일입니다. (벌금 외에도 그에게는) 사회봉사 명령의 일부로 디트로이트 프로그램에서 학생들에게 책을 읽어주라는 명령이 내려졌습니다. 웨버는 현 소속팀에서 예전과 같은 컨디션을 되찾기 위해 애쓰고 있는데, 일부 비평가들은 죄질보다 가벼운 형량이 언도된 것이라고 말하고 있습니다.

정답 1a2c3b

- plead guilty 범죄 사실을 인정하다   contempt 법정 모독 행위
  sentence (형사상의) 판결, 처벌

3. 듣고 풀자

청취 지문은 절대로 커닝하지 말고 시험 보는 학생의 마음으로 진지하게 풀어보세요.

1) 이 뉴스의 주제는?

   a   마이클 오언의 은퇴

   b   마이클 오언의 구단 이적

   c   마이클 오언의 연봉 협상

   d   마이클 오언의 스캔들

2) What sensational event did Newcastle United manage to do?

   a   They managed to sign Michael Owen.

   b   They sold England captain David Beckham.

   c   They managed to beat Liverpool.

   d   They sacked their manager.

▲ sack ~을 해고하다

3) What did Michael Owen initially prefer?

   a   He preferred a loan move to Newcastle United.

   b   He preferred not to move to Liverpool.

   c   He preferred to have an operation.

   d   He preferred not to move to any other teams.

▲ loan 선수 임대. 프로 스포츠에서 일정 대가를 받고 자기 팀의 선수가 제한된 기간 동안 다른 팀에서 활동할 수 있도록 허락해주는 제도

Newcastle United has pulled off a shocking transfer coup when it finally managed to persuade England striker Michael Owen to join their club. This represents a major change of heart from the player, who has always insisted a return to Liverpool was his preferred option despite indicating he would be prepared to join the Magpies on loan for a season. After his failed attempt at conquering Spanish football Michael Owen is determined to prove to his fans that he still can be an excellent footballer at his new club.

뉴캐슬유나이티드가 놀라운 선수 이적을 이루어냈습니다. 잉글랜드 국가대표 스트라이커 마이클 오언을 설득하여 마침내 자신들의 구단으로 이적하도록 만든 것입니다. 마이클 오언은 한 시즌 동안만 임대 형식으로 맥파이스(뉴캐슬유나이티드의 별칭)에 합류할 의사도 있음을 내비치기는 했었으나, 줄곧 자신이 선호하는 조건은 리버풀로의 복귀임을 주장해왔는데, 이런 성과는 결국 그가 전격적으로 마음을 바꾸었다는 얘기가 됩니다. 스페인 축구계를 석권하겠다는 야심이 실패로 돌아가고 나자, 마이클 오언은 이번에 새로 이적하는 구단에서 자신이 여전히 뛰어난 축구선수임을 팬들에게 입증해 보이겠다고 결심한 것입니다.

정답 1b2a3a

○ pull off (어려운 일을) 해내다, 성취하다, (멋진 모습을) 연출하다
  coup 일격, 대성공, 쿠데타   persuade 설득하다
  change of heart 변심, 심경 변화
  Magpies '까치'라는 뜻의 Newcastle United 구단의 별명

답안을 커닝하면 아무런 학습효과도 볼 수 없습니다. 답안을 가리고 받아쓰기에 임하세요.

1. 4th seed Michigan _____ this season, as Northern Illinois will find out Saturday in the opener for both teams.

2. Michigan _____ last year, but they did struggle against mobile quarterbacks in the last two games, _____ 37 and 38 points.

3. This year Michigan hopes to challenge for the national title and _____ their mistakes from last season.

4. Many fans _____ another successful season.

5. _____, Webber read to students at a Detroit program.

6. Some critics say that Webber, _____ with his current team, is being given a lighter sentence than he deserves.

7. Newcastle United _____ when it finally managed to persuade England striker Michael Owen to join their club.

8. After his failed attempt at conquering Spanish football Michael Owen _____ to his fans that he still can be an excellent footballer at his new club.

정답 1 won't be as predictable on offense 2 didn't have problems scoring, losing both after giving up 3 have been training hard to overcome 4 are hoping for Michigan to have 5 As part of his community service 6 who is trying to regain his old form 7 has pulled off a shocking transfer coup 8 is determined to prove

바꿔 말해보자

한글 문장들을 영어로 바꿔 말해보세요. 혹시 잘 모르겠어도 일단 용감하게 도전해보세요.

1. 사회봉사 명령의 일부로 웨버에게 디트로이트 프로그램에서 학생들에게 책을 읽어주라는 명령이 내려졌습니다.

2. 뉴캐슬유나이티드가 잉글랜드 국가대표 스트라이커 마이클 오언을 설득하여 마침내 자신들의 구단으로 이적하도록 만드는 놀라운 선수 이적을 이루어냈습니다.

3. 스페인 축구계를 석권하겠다는 야심이 실패로 돌아가자, 마이클 오언은 이번에 새로 이적하는 구단에서 자신이 여전히 뛰어난 축구선수임을 팬들에게 입증해 보이겠다고 결심한 것입니다.

4. 4번 시드를 배정받은 미시간이 이번 시즌에는 어느 정도의 공격력을 선보일 것인지 현재로서는 예측할 수 없지만, 토요일 양 팀 모두에게 첫 시합인 노던 일리노이와의 경기가 끝나고 나면 알 수 있을 것입니다.

5. 많은 팬들은 미시간이 이번 시즌에도 선전해주기를 바라고 있습니다.

6. 웨버는 현 소속팀에서 예전과 같은 컨디션을 되찾기 위해 애쓰고 있는데, 일부 비평가들은 죄질보다 가벼운 형량이 언도된 것이라고 말하고 있습니다.

정답 1 As part of his community service, Webber read to students at a Detroit program. 2 Newcastle United has pulled off a shocking transfer coup when it finally managed to persuade England striker Michael Owen to join their club. 3 After his failed attempt at conquering Spanish football Michael Owen is determined to prove to his fans that he still can be an excellent footballer at his new club. 4 4th seed Michigan won't be as predictable on offense this season, as Northern Illinois will find out Saturday in the opener for both teams. 5 Many fans are hoping for Michigan to have another successful season. 6 Some critics say that Webber, who is trying to regain his old form with his current team, is being given a lighter sentence than he deserves.

1. 듣고 풀자

DAY-16

1) 다음 중 사실이 아닌 것은?

a 올 블랙스는 지난 주말 남아프리카와의 경기에서 승리했다.

b 호주는 지난 주말 남아프리카와의 경기에서 승리했다.

c 남아프리카는 전 대회의 우승국이다.

d 올 블랙스는 73퍼센트의 승률을 기록하고 있다.

2) Why have the Australians lost their confidence?

a They had just beaten South Africa.

b They were afraid of the New Zealand All Blacks team.

c They had lost four of their previous matches.

d They were pretending to be confident.

▲ All Blacks 뉴질랜드 국가대표 럭비 팀을 가리킨다. 유니폼 상하가 모두 검정색이어서 생긴 별칭

3) What did the All Blacks coach warn his players about?

a He cautioned them Australia was a very good team.

b He wanted his players to rest before the game.

c He cautioned his team not to be complacent.

d He advised his players to become favorites.

▲ caution 경고하다, 주의하다

1. 다시 듣고 해석해보자

지문을 눈으로 읽어 내려가며 다시 한 번 집중해서 들어보세요.

The All Blacks are on a roll after defeating defending champions South Africa last week end. The Australians meanwhile have lost their past four matches and Captain George Gregan has admitted their confidence has suffered. As the All Blacks go into their 400th test match with a proud 73 percent winning record, their biggest obstacle could be over-confidence. Coach Graham Henry has drummed into his side a warning that favorites do not always win. Meanwhile Australian captain George Gregan is looking forward to this upcoming match against their rivals.

올 블랙스(뉴질랜드 국가대표 럭비 팀)는 지난 주말 전 대회 우승자인 남아프리카를 꺾은 이후로 연승 가도를 달리고 있습니다. 한편 호주는 지난 네 경기에서 모두 패했고 주장 조지 그레건은 그들이 위축되고 있다는 사실을 인정했습니다. 올 블랙스는 지금까지 400회의 국제 경기에서 73퍼센트의 자랑스러운 승률을 기록하다 보니, 지나친 자신감이 그들에게 가장 큰 난관이 될지도 모르겠습니다. 그레이엄 헨리 감독은 자기 팀의 선수들에게 우승후보로 지목된다고 해서 항상 승리하란 법은 없다고 끊임없이 경고하고 있습니다. 한편 호주의 주장 조지 그레건은 곧 있을 라이벌과의 시합을 고대하고 있습니다.

정답 1b2c3c

○ **be on a roll** 승승장구하다, 계속적인 성공을 거두다
test match (크리켓이나 럭비 경기의) 국가 간 경기　　**obstacle** 장애물, 방해물
drum 되풀이하여 주입시키다

2. 듣고 풀자

청취 지문은 절대로 커닝하지 말고 시험 보는 학생의 마음으로 진지하게 풀어보세요.

1) 이 뉴스의 주제는?

   a   타이거 우즈 아버지의 교육 방법

   b   타이거 우즈의 놀라운 재능

   c   타이거 우즈의 가족사

   d   타이거 우즈의 취미

2) Tiger Woods was the first player ever to _____ .

   a   hold all four professional major championships at the same time

   b   hit a hole-in-one in every tournament he participated

   c   win 60 tournaments on the tour

   d   take an interest in golf while still a child

▲ hole-in-one (골프) 홀인원

3) All of the following about Tiger Woods were mentioned EXCEPT _____ .

   a   he used to watch his father hit golf balls since he was 6 months old

   b   at the age of 3 he shot 48 for nine holes

   c   he was the youngest player to become the world No.1

   d   he was featured in Golf Digest at age 5

▲ nine holes 골프는 1라운드가 18홀로 구성된다. 9홀을 쳤으면 반 코스를 쳤다는 뜻

2. 다시 듣고 해석해보자

지문을 눈으로 읽어 내려가며 다시 한 번 집중해서 들어보세요.

Tiger Woods, now 29 years of age, has won 60 tournaments, 45 of those on the PGA Tour. Tiger became the first player ever to hold all four professional major championships at the same time. He was just out of the crib at age 6 months when he took an interest in golf, watching his father hit golf balls into a net and imitating his swing. He shot 48 for nine holes at age 3 and was featured in *Golf Digest* at age 5. His ability on the golf course was evident since his early childhood.

타이거 우즈는 스물아홉의 나이에 60차례 우승을 차지했는데, 그중 45번은 PGA 투어에서 따낸 것입니다. 타이거는 4개의 메이저 대회를 연속해서 석권한 최초의 선수가 되었습니다. 그는 요람에서 갓 벗어난 생후 6개월에 벌써 골프에 흥미를 보여, 그의 아버지가 골프공을 네트 안으로 쳐 넣는 것을 보며 아버지의 스윙을 흉내 내곤 하였습니다. 세 살 때는 9홀까지 48타를 쳤고, 다섯 살에는 그에 대한 기사가 《골프 다이제스트》에 특집으로 실리기도 했습니다. 아주 어린 시절부터 그는 골프 코스에서 두드러진 능력을 보여주었습니다.

정답 1b2a3c

- four professional major championship 남자골프 4대 메이저 대회(브리티시 오픈, 마스터스, US 오픈, PGA 챔피언십)에서의 우승
at the same time 동시에(여기서는 in a row '연속해서'의 의미로 쓰임)
crib 어린이 침대, 요람   imitate 모방하다, 흉내 내다   evident 명백한, 분명한

3. 듣고 풀자

청취 지문은 절대로 커닝하지 말고 시험 보는 학생의 마음으로 진지하게 풀어보세요.

1) 다음 중 사실인 것은?

a 팔씨름 대회는 프로 스포츠가 아니다.

b 팔씨름 대회는 프로 스포츠이다.

c 술을 마시고도 팔씨름 대회에 참가할 수 있다.

d 팔씨름 대회는 호텔보다 바에서 열리는 것이 더 인기가 많다.

2) According to the passage, why are arm wrestling competitions moving from bars to fancy hotels?

a These competitions are banned from bars.

b These competitions are gaining popularity.

c Hotels invited these competitions to be held there.

d It was cheaper to host the competitions at the hotels.

▲ fancy 고급의, 일류의   ban 금지하다

3) All of the following are rules of arm wrestling EXCEPT _____.

a the competition lasts for 10 minutes

b competitors must put at least one foot on the ground at the start of the competition

c the match ends when the referee grabs the hands of the competitors

d the competition starts after the referee says, "Ready··· Go"

▲ grab 움켜쥐다

3. 다시 듣고 해석해보자

지문을 눈으로 읽어 내려가며 다시 한 번 집중해서 들어보세요.

Arm wrestling is gaining popularity, going from small tournaments in bars to large competitions organized at fancy hotels. These are a few of the rules of the United States Arm Wrestling Association. All starts will be a "Ready… Go." You must start with at least one foot on the ground, but after the "Go" it does not matter. Never stop wrestling until the referee grabs the hands, signifying the end of the match. But please remember this is also a professional sport and not an amateur game for drunk people in bars.

술집에서 열리는 작은 시합에서부터 고급 호텔에서 열리는 대규모 대회에 이르기까지, 팔씨름은 점점 인기를 더해가고 있습니다. 다음은 미 팔씨름협회 규정의 일부입니다. 모든 시합은 '준비… 시작'이란 구호와 함께 시작됩니다. 시작할 때는 적어도 한쪽 발을 땅에 대고 있어야 하지만, '시작'이란 지시가 떨어진 이후에는 상관없습니다. 심판이 경기의 종료를 알리는 의미로 선수들의 손을 잡기 전까지는 경기를 멈춰서는 안 됩니다. 하지만 한 가지 명심할 것은 이것도 엄연한 프로 스포츠이며, 술집에서 술에 취한 사람들이 벌이는 아마추어 경기가 아니라는 점입니다.

정답 1b2b3a

- arm wrestling 팔씨름   gain popularity 인기를 얻다
  fancy 고급의, 호화로운, 멋진   signify ~을 뜻하다, 나타내다

듣고 받아써보자

답안을 커닝하면 아무런 학습효과도 볼 수 없습니다. 답안을 가리고 받아쓰기에 임하세요.

1. The All Blacks _____ after defeating defending champions South Africa last weekend.

2. The Australians meanwhile _____ and Captain George Gregan has admitted their confidence has suffered.

3. As the All Blacks go into their 400th test match with a proud 73 percent winning record, _____ .

4. Coach Graham Henry _____ that favorites do not always win.

5. Tiger Woods, now 29 years of age, _____ , 45 of those on the PGA Tour.

6. Tiger _____ all four professional major championships at the same time.

7. His ability on the golf course was evident _____ .

8. You _____ at least one foot on the ground, but after the "Go" _____ .

9. _____ until the referee grabs the hands, _____ .

10. But please remember _____ and not an amateur game for drunk people in bars.

정답 1 are on a roll 2 have lost their past four matches 3 their biggest obstacle could be over-confidence 4 has drummed into his side a warning 5 has won 60 tournaments 6 became the first player ever to hold 7 since his early childhood 8 must start with, it does not matter 9 Never stop wrestling, signifying the end of the match 10 this is also a professional sport

바꿔 말해보자

한글 문장들을 영어로 바꿔 말해보세요. 혹시 잘 모르겠어도 일단 용감하게 도전해보세요.

1. 타이거 우즈는 스물아홉의 나이에 60차례 우승을 차지했는데, 그중 45번은 PGA투어에서 따낸 것입니다.

2. 심판이 경기의 종료를 알리는 의미로 선수들의 손을 잡기 전까지는 경기를 멈춰서는 안 됩니다.

3. 술집에서 열리는 작은 시합에서부터 고급 호텔에서 열리는 대규모 대회에 이르기까지, 팔씨름은 점점 인기를 더해가고 있습니다.

4. 올 블랙스는 지난 주말 전 대회 우승자인 남아프리카를 꺾은 이후로 연승 가도를 달리고 있습니다.

5. 한편 호주는 지난 네 경기에서 모두 패했고 주장 조지 그레건은 그들이 위축되고 있다는 사실을 인정했습니다.

6. 시작할 때는 적어도 한 쪽 발을 땅에 대고 있어야 하지만, '시작'이란 지시가 떨어진 이후에는 상관없습니다.

7. 그레이엄 헨리 감독은 자기 팀의 선수들에게 우승후보로 지목된다고 해서 항상 승리하란 법은 없다고 끊임없이 경고하고 있습니다.

8. 아주 어린 시절부터 그는 골프 코스에서 두드러진 능력을 보여주었습니다.

정답 1 Tiger Woods, now 29 years of age, has won 60 tournaments, 45 of those on the PGA Tour. 2 Never stop wrestling until the referee grabs the hands, signifying the end of the match. 3 Arm wrestling is gaining popularity, going from mall tournaments in bars to large competitions organized at fancy hotels. 4 The All Blacks are on a roll after defeating defending champions South Africa last weekend. 5 The Australians meanwhile have lost their past four matches and Captain George Gregan has admitted their confidence has suffered. 6 You must start with at least one foot on the ground, but after the "Go" it does not matter. 7 Coach Graham Henry has drummed into his side a warning that favorites do not always win. 8 His ability on the golf course was evident since his early childhood.

144 3030 English 듣기 4탄

1. 듣고 풀자

청취 지문은 절대로 커닝하지 말고 시험 보는 학생의 마음으로 진지하게 풀어보세요.

1) 김병현 선수의 선수생활과 관련이 없는 팀은?

  a   애리조나
  b   보스턴
  c   콜로라도
  d   뉴욕

2) Byung-hyun Kim had strong performances in how many of his previous starts?

  a   One
  b   Two
  c   Three
  d   Four

▲ start 야구에서 선발 등판을 뜻함

3) Why did the manager take Byung-hyun Kim out of the game?

  a   He did not trust Byung-hyun Kim to finish the game.
  b   He thought the Dodgers were improving in the game.
  c   He felt Byung-hyun Kim had to rest for the next game.
  d   He wanted to give the bullpen some playing time.

▲ bullpen 불펜. 구원투수들이 대기하면서 몸을 푸는 장소 또는 집합적으로 구원투수들을 지칭하기도 함

1. 다시 듣고 해석해보자

지문을 눈으로 읽어 내려가며 다시 한 번 집중해서 들어보세요.

Byung-hyun Kim posted his third straight strong start, holding the Dodgers to one run and five hits in six innings. Kim, who left after six innings only because the manager wanted to give the bullpen work, isn't the least bit worried about momentum. After all, before this year, he played on teams in Arizona and Boston, both who were in the playoffs. Of course his current team the Rockies are not going to make the playoffs. But Byung-hyun hopes to continue to improve his game and the quality of his pitches.

김병현 선수는 다저스를 6이닝 동안 5안타 1실점으로 묶으면서 세 번 연속 선발 등판에서 좋은 모습을 보였습니다. 단지 구원투수진을 활용하려는 감독의 의도 때문에 6회 이후 마운드를 내려갔지만, 김병현 선수는 앞으로도 계속 좋은 경기를 선보일 수 있을 것으로 자신하고 있습니다. 어쨌거나 김병현 선수가 작년까지 선수 생활을 했던 두 팀, 애리조나와 보스턴은 모두 플레이오프에 진출한 바 있습니다. 물론 현 소속팀인 콜로라도 로키스는 플레이오프에 진출하지 못할 것입니다. 하지만 김병현 선수는 자신이 투입된 경기와 피칭 내용이 계속해서 나아지기를 기대하고 있습니다.

정답 1d2c3d

○ post (경기에서 스코어 따위를) 기록하다
run (야구 용어) 점수(상황에 따라 '타점' '득점' '실점' 등의 의미로 쓰인다)
hit 안타   inning (야구의) 회, 이닝
momentum 타성, 힘, 여세(뭔가 잘 해오던 것을 계속해서 이어갈 수 있는 능력을 말하며, 여기서는 앞으로도 계속 잘 던질 수 있을 것이라는 뜻으로 쓴 말)

2. 듣고 풀자

청취 지문은 절대로 커닝하지 말고 시험 보는 학생의 마음으로 진지하게 풀어보세요.

1) 이 뉴스의 주제는?

   a   스타 선수 선발 방법

   b   승리를 위한 전략

   c   감독의 임무

   d   강팀과 약팀의 차이점

2) What does Christiano Ronaldo says his team must do to win the title?

   a   Buy more players.

   b   Maintain a good standard of play.

   c   Improve the team's fitness.

   d   Win the final game of the season.

▲   fitness 체력

3) What was one of the reasons for Manchester United not winning the title last year?

   a   Their failure to win against smaller clubs

   b   Their lack of capable players

   c   The poor tactics of their manager

   d   The disappointment of not having any realistic chance

▲   tactics 전략

지문을 눈으로 읽어 내려가며 다시 한 번 집중해서 들어보세요.

Manchester United star Christiano Ronaldo said, "If we are to have any chance of winning the Premiership title, we need to get off to a good start. It's important to maintain a good standard of play throughout the season, not just against our title rivals but against the smaller clubs as well. Our results against those teams last season were disappointing and we know they must improve if we are to have any realistic chance. The manager can only do his best off the field. We, the players, must perform on the pitch."

맨체스터유나이티드의 스타 선수인 크리스티아노 호나우두는 이렇게 말했습니다. "우리 팀이 프리미어 리그에서 우승할 기회를 잡으려면, 출발부터 순조로워야 할 것입니다. 우리와 함께 우승을 노리는 강팀들은 물론 그보다 약한 팀들을 상대할 때에도 시즌 내내 계속해서 좋은 경기력을 유지하는 것이 중요합니다. 지난 시즌, 약팀들과의 경기 결과는 실망스러운 것이었고, 우리가 우승을 가져오려면 경기 결과가 작년보다 나아져야 한다는 것을 알고 있습니다. 감독은 경기장 밖에서 최선을 다할 수 있을 뿐이며 경기장 안에서는 우리 선수들이 실력을 발휘해야 합니다."

정답 1b2b3a

○ title 우승, 챔피언십   title rivals 우승을 노리는 강팀들
pitch (크리켓, 하키 등의) 경기장(여기서는 축구장을 뜻함)

3. 듣고 풀자

청취 지문은 절대로 커닝하지 말고 시험 보는 학생의 마음으로 진지하게 풀어보세요.

1) 레드스킨스가 다가오는 시즌에 바라는 것은?

    a   스타 선수를 영입하는 것

    b   스타 감독을 영입하는 것

    c   연례 가치 평가에서 카우보이스를 이기는 것

    d   승리에 전력을 기울이는 것

2) What happened to the Washington Redskins during the past three seasons?

    a   They won the championship each year.

    b   They won more games than they lost.

    c   They lost more games than they won.

    d   They changed owners every year.

    🔺 redskins 여기서는 미식 축구팀 이름이지만 원래 의미는 '북미 인디언들'

3) Which of the following can be inferred from the passage?

    a   The Cowboys were the champions six years ago.

    b   A team must top the *Forbes* list to win the championship.

    c   The Redskins are the richest team in the football league.

    d   The Redskins have sold most of their star players to earn money.

지문을 눈으로 읽어 내려가며 다시 한 번 집중해서 들어보세요.

Although they've had a losing record in games over the last three seasons, the Washington Redskins are the NFL's biggest winners when it comes to making money. For the sixth straight year, the Redskins are atop *Forbes* magazine's annual list of NFL franchise valuations. The Redskins have been atop the *Forbes* list since unseating the Cowboys in 2000. This upcoming season, the Redskins are hoping to concentrate on winning more games and not just making more money.

워싱턴 레드스킨스는 지난 세 시즌 동안 승률은 5할 이하에 머물렀지만, NFL에서 수익 면에서는 최고의 승자입니다. 레드스킨스는 《포브스》가 NFL 구단들을 놓고 실시한 연례 가치 평가에서 6년 연속 정상을 차지했습니다. 레드스킨스는 《포브스》의 리스트에서 2000년 카우보이스를 밀어낸 이후 계속 최고의 자리를 지켜왔습니다. 다가오는 올 시즌, 레드스킨스는 수익뿐만 아니라 더 많은 경기에서 승리하는 데 전력을 기울이기를 기대하고 있습니다.

정답 1d2c3c

o losing record 시즌 승률이 50% 미만인 기록　　be atop 1위를 차지하다
franchise 가맹 사업, 프랜차이즈(여기서는 NFL에 등록된 구단을 지칭함)
valuation 평가　　unseat 자리를 빼앗다, 밀어내다

답안을 커닝하면 아무런 학습효과도 볼 수 없습니다. 답안을 가리고 받아쓰기에 임하세요.

1. Byung-hyun Kim _____, holding the Dodgers to one run and five hits in six innings.

2. Kim, who left after six innings only because the manager wanted to give the bullpen work, _____ .

3. After all, before this year, _____, both who were in the playoffs.

4. But Byung-hyun _____ and the quality of his pitches.

5. If _____ the Premiership title, we need to get off to a good start.

6. It's _____ throughout the season, not just against our title rivals but against the smaller clubs as well.

7. The manager _____ .

8. _____, the Redskins are atop Forbes magazine's annual list of NFL franchise valuations.

9. The Redskins have been atop the Forbes list _____ .

10. This upcoming season, the Redskins _____ more games and not just making more money.

정답 1 posted his third straight strong start 2 isn't the least bit worried about momentum 3 he played on teams in Arizona and Boston 4 hopes to continue to improve his game 5 we are to have any chance of winning 6 important to maintain a good standard of play 7 can only do his best off the field 8 For the sixth straight year 9 since unseating the Cowboys in 2000 10 are hoping to concentrate on winning

바꿔 말해보자

한글 문장들을 영어로 바꿔 말해보세요. 혹시 잘 모르겠어도 일단 용감하게 도전해보세요.

1. 김병현 선수는 다저스를 6이닝 동안 5안타 1실점으로 묶으면서 세 번 연속 선발 등판에서 좋은 모습을 보였습니다.

2. 감독은 경기장 밖에서 최선을 다할 수 있을 뿐입니다.

3. 워싱턴 레드스킨스는 지난 세 시즌 동안 승률은 5할 이하에 머물렀지만, NFL에서 수익 면에서는 최고의 승자입니다.

4. 우리와 함께 우승을 노리는 강팀들은 물론 그보다 약한 팀들을 상대할 때에도 시즌 내내 계속해서 좋은 경기력을 유지하는 것이 중요합니다.

5. 다가오는 올 시즌, 레드스킨스는 수익뿐만 아니라 더 많은 경기에서 승리하는 데 전력을 기울일 수 있기를 기대하고 있습니다.

6. 하지만 김병현 선수는 자신이 투입된 경기와 피칭 내용이 계속해서 나아지기를 기대하고 있습니다.

7. 우리 팀이 프리미어리그에서 우승할 기회를 잡으려면, 출발부터 순조로워야 할 것입니다.

8. 어쨌거나 그가 작년까지 선수 생활을 했던 두 팀, 애리조나와 보스턴은 모두 플레이오프에 진출한 바 있습니다.

정답 1 Byung-hyun Kim posted his third straight strong start, holding the Dodgers to one run and five hits in six innings. 2 The manager can only do his best off the field. 3 Although they've had a losing record in games over the last three seasons, the Washington Redskins are the NFL's biggest winners when it comes to making money. 4 It's important to maintain a good standard of play throughout the season, not just against our title rivals but against the smaller clubs as well. 5 This upcoming season, the Redskins are hoping to concentrate on winning more games and not just making more money. 6 But Byung-hyun hopes to continue to improve his game and the quality of his pitches. 7 If we are to have any chance of winning the Premiership title, we need to get off to a good start. 8 After all, before this year, he played on teams in Arizona and Boston, both who were in the playoffs.

1. 듣고 풀자

청취 지문은 절대로 커닝하지 말고 시험 보는 학생의 마음으로 진지하게 풀어보세요.

1) 다음 중 사실이 아닌 것은?

   a   타이슨은 뉴욕 출신이다.

   b   타이슨은 1990년부터 슬럼프에 빠졌다.

   c   타이슨은 재기에 성공했다.

   d   타이슨은 그의 잠재 능력을 최대한 발휘하지 못했다.

2) How did many people feel about Mike Tyson?

   a   They thought he was a bad athlete.

   b   They felt he was the best boxer over the past decade.

   c   They thought he was the best fighter of all time.

   d   They felt he was not training well.

decade 10년

3) What did Mike Tyson achieve when he was 20 years old?

   a   He was given the nickname 'Iron'.

   b   His personal life was in disorder.

   c   He became the youngest heavyweight boxer of the world.

   d   He trained with no directions.

disorder 혼란, 난잡

1. 다시 듣고 해석해보자

지문을 눈으로 읽어 내려가며 다시 한 번 집중해서 들어보세요.

Born in New York City, "Iron" Mike Tyson is considered by many to be one of the greatest heavyweight boxers of all time. In 1986, at age 20, it took Tyson two rounds to become the youngest heavyweight champion ever. But by 1990, Tyson had lost direction, his personal life was in disarray and he was not training well. After several failed comebacks and countless legal problems Mike Tyson is now just another athlete who didn't maximize his potentials.

뉴욕에서 태어난 '철의 사나이' 마이크 타이슨은 역대 가장 위대한 헤비급 권투선수 중 한 사람으로 꼽히고 있습니다. 1986년, 스무 살의 나이에 타이슨은 겨우 2라운드를 싸우고 최연소 헤비급 챔피언이 되었습니다. 하지만 1990년, 타이슨이 방황에 빠지면서 사생활이 문란해지고, 연습을 게을리 하게 되었습니다. 몇 차례의 재기전이 실패로 돌아가고, 이런저런 문제로 법정을 드나들어야 했던 마이크 타이슨은 잠재 능력을 최대한 보여주지 못한 또 한 명의 운동선수에 지나지 않습니다.

정답 1c2c3c

● disarray 혼란, 난잡   maximize 최대화하다, 최대한으로 (활용)하다
   potential 잠재 능력

2. 듣고 풀자

청취 지문은 절대로 커닝하지 말고 시험 보는 학생의 마음으로 진지하게 풀어보세요.

1) 이 뉴스의 주제는?

a 야오 밍의 기량과 활약

b 야오 밍의 라이벌

c 야오 밍의 신체 조건

d 야오 밍의 동료애

2) Why is Yao Ming a perfect complement to his teammate McGrady?

a Yao Ming can play as a backup for McGrady.

b Yao Ming is a very marketable athlete.

c Yao Ming is a number 1 draft pick.

d Yao Ming has size, strength and shooting ability.

▲ backup 대체선수, 대체요원, 대체용의

3) According to the passage, what has Yao Ming proven to the people?

a His ability to appeal to the Chinese.

b His good relationship with his teammates.

c His ability to become one of the league's best centers.

d His desire to play in the NBA.

▲ appeal 매력(호소력)이 있다

2. 다시 듣고 해석해보자

지문을 눈으로 읽어 내려가며 다시 한 번 집중해서 들어보세요.

The first international player to be selected Number 1 overall in an NBA draft, Yao Ming has quickly become one of the league's most marketable athletes. His rare combination of size, strength and shooting ability make him the perfect complement to team-mate Tracy McGrady's all-round game. And many feel that Yao Ming has proven himself to be one of the league's elite centers. Although still not as dominating as Shaquille O'neal, Yao Ming has proven his worth over the past couple of seasons.

외국인 선수 최초로 NBA 드래프트에서 1순위로 지명된 야오 밍은 순식간에 리그 내에서 가장 몸값이 높은 선수가 되었습니다. 그가 만능선수인 팀 동료 트레이시 맥그레디의 활약을 완벽하게 보완해주는 선수가 될 수 있었던 것은 보기 드문 제구, 힘 그리고 슈팅 능력이 조화를 이루기 때문이었습니다. 또한 야오 밍은 리그 내에서 탁월한 센터임을 보여줬습니다. 아직은 샤킬 오닐만큼 위압적이지 않지만, 야오 밍은 지난 몇 시즌 만에 자신의 가치를 입증해 보였습니다.

정답 1a2d3c

○ draft 드래프트, 미국 프로 스포츠의 신인 선수 지명 제도
marketable 시장성이 있는, 팔리는(여기서는 프로 선수로서 상품성을 의미)
rare 드문   complement 보완(물), 보충   dominating 압도적인, 위압적인

3. 듣고 풀자

청취 지문은 절대로 커닝하지 말고 시험 보는 학생의 마음으로 진지하게 풀어보세요.

1) 마이클 창이 현재 바라는 것은?

   a   아시아 지역에서 테니스 대회가 자주 열리기를 바란다.

   b   아시아 지역에서 테니스 챔피언이 출현하길 바란다.

   c   테니스 꿈나무를 위한 재단을 만들기를 바란다.

   d   테니스 감독으로 이름을 떨치길 바란다.

2) What did Michael Chang achieve in 1989?

   a   He was the first Asian to play in the French Open.

   b   He was the first American to win a Grand Slam Championship.

   c   He was the youngest player to win in the French Open.

   d   He was the youngest player to participate in a Grand Slam Championship.

> Grand Slam 프로 테니스에서 가장 중요한 4개 대회(US 오픈, 프랑스 오픈, 호주 오픈, 윔블던)를 지칭

3) After his retirement Michael Chang is involved in all of the following programs EXCEPT _____.

   a   he runs a Stars of the Future program in Hong Kong

   b   he supports a grassroots tennis development program

   c   he served as a goodwill ambassador for the Olympic bid committee

   d   he participates in the senior tennis tour

Sports   157

3. 다시 듣고 해석해보자

지문을 눈으로 읽어 내려가며 다시 한 번 집중해서 들어보세요.

Michael Chang became the youngest French Open and Grand Slam Champion ever in 1989. After his retirement from the game, he supports grassroots tennis development in Asia through his Stars of the Future program in Hong Kong. In 2001, he served as a good-will ambassador for the 2008 Beijing Olympic bid committee. His involvement in such activities have helped to raise awareness for Asian American athletes in America. He hopes to see a future tennis champion from the Asian region.

마이클 창은 1989년에 최연소 프랑스 오픈 및 그랜드 슬램 챔피언이 되었습니다. 현역에서 은퇴한 이후에는 홍콩에서 '미래의 스타들'이라는 프로그램을 통해 아시아 지역에서 테니스 저변 확대를 위해 노력했습니다. 2001년에는 2008 베이징 올림픽 유치위원회의 친선 대사로 활동했으며 이러한 활동에 참여함으로써 미국 내 아시아계 운동선수들에 대한 인식을 높이는 데 일조하였습니다. 그는 미래의 테니스 챔피언이 아시아 지역에서 나오기를 기대하고 있습니다.

정답 1b2c3d

○ grassroots 대중   goodwill ambassador 친선 대사
awareness 자각, 인식

1. Born in New York City, "Iron" Mike Tyson is considered by many to be _____ of all time.

2. In 1986, at age 20, _____ the youngest heavyweight champion ever.

3. But by 1990, Tyson had lost direction, _____ and he was not training well.

4. After several failed comebacks and countless legal problems Mike Tyson is now just another athlete _____ .

5. The first international player to be selected Number 1 overall in an NBA draft, Yao Ming has quickly become _____ .

6. And many feel that Yao Ming _____ one of the league's elite centers.

7. Although still not as dominating as Shaquille O'neal, Yao Ming has proven his worth _____ .

8. Michael Chang _____ ever in 1989.

9. After his retirement from the game, he _____ through his Stars of the Future program in Hong Kong.

10. He _____ from the Asian region.

정답 1 one of the greatest heavyweight boxers 2 it took Tyson two rounds to become 3 his personal life was in disarray 4 who didn't maximize his potentials 5 one of the league's most marketable athletes 6 has proven himself to be 7 over the past couple of seasons 8 became the youngest French Open and Grand Slam Champion 9 supports grassroots tennis development in Asia 10 hopes to see a future tennis champion

바꿔 말해보자

한글 문장들을 영어로 바꿔 말해보세요. 혹시 잘 모르겠어도 일단 용감하게 도전해보세요.

1. 1986년, 스무 살의 나이에 타이슨은 겨우 2라운드를 싸우고 최연소 헤비급 챔피언이 되었습니다.

2. 마이클 창은 1989년에 최연소 프랑스 오픈 및 그랜드 슬램 챔피언이 되었습니다.

3. 현역에서 은퇴한 이후에 그는 홍콩에서 '미래의 스타들'이라는 프로그램을 통해 아시아 지역에서 테니스의 저변 확대를 위해 노력했습니다.

4. 또한 야오 밍은 리그 내에서 탁월한 센터임을 보여줬습니다.

5. 그는 미래의 테니스 챔피언이 아시아 지역에서 나오기를 기대하고 있습니다.

6. 뉴욕에서 태어난 '철의 사나이' 마이크 타이슨은 역대 가장 위대한 헤비급 권투선수 중 한 사람으로 꼽히고 있습니다.

7. 아직은 샤킬 오닐만큼 위압적이지 않지만, 야오 밍은 지난 몇 시즌 만에 자신의 가치를 입증해 보였습니다.

8. 외국인 선수 최초로 NBA 드래프트에서 1순위로 지명된 야오 밍은 순식간에 리그 내에서 가장 몸값이 높은 선수가 되었습니다.

정답 1 In 1986, at age 20, it took Tyson two rounds to become the youngest heavyweight champion ever. 2 Michael Chang became the youngest French Open and Grand Slam Champion ever in 1989. 3 After his retirement from the game, he supports grassroots tennis development in Asia through his Stars of the Future program in Hong Kong. 4 And many feel that Yao Ming has proven himself to be one of the league's elite centers. 5 He hopes to see a future tennis champion from the Asian region. 6 Born in New York City, "Iron" Mike Tyson is considered by many to be one of the greatest heavyweight boxers of all time. 7 Although still not as dominating as Shaquille O'neal, Yao Ming has proven his worth over the past couple of seasons. 8 The first international player to be selected Number 1 overall in an NBA draft, Yao Ming has quickly become one of the league's most marketable athletes.

1. 듣고 풀자

청취 지문은 절대로 커닝하지 말고 시험 보는 학생의 마음으로 진지하게 풀어보세요.

1) 이치로의 약점으로 언급된 것은?

   a   언어 장벽

   b   소심한 성격

   c   왜소한 체격

   d   고질적 부상

2) How does Ichiro feel about coming to play in the Major League?

   a   He wants to make his country proud.

   b   He is doing it for himself.

   c   He is doing it for his fellowmen.

   d   He wants to become an American citizen.

▲ fellowmen 동포

3) Which of the following records was mentioned in the passage?

   a   Ichiro was the first person to hit more than 70 home runs in a season.

   b   Ichiro was the first Japanese player to play in an All-Star game.

   c   Ichiro was the first MLB player to have 200 hits seasons in the first 4 years of his career.

   d   Ichiro was the first player to steal 50 bases in a season.

▲ steal 도루, 도루하다   base (야구에서) 루(ex. first base 1루, second base 2루)

1. 다시 듣고 해석해보자

지문을 눈으로 읽어 내려가며 다시 한 번 집중해서 들어보세요.

Perhaps one of the most dynamic leadoff hitters in recent history, Ichiro Suzuki says coming to the majors was a personal thing. He wasn't here to carry the Japanese flag with him or to prove something. He came to play baseball, which he has done at an All-Star level for four years now. He has also done it in style as he is the first player in Major League history to start an MLB career with four consecutive 200-hit seasons. Despite his relative small frame he has hit the occasional home runs and has proven critics wrong about his ability to play this game.

근래 가장 역동적인 선두 타자로 꼽히는 스즈키 이치로가 메이저 리그로 오기로 결심한 것은 개인적인 이유에서였다고 말합니다. 그가 메이저 리그에 온 것은 일본을 대표하는 입장에서도 아니고, 뭔가를 증명해 보이기 위해서도 아닙니다. 그는 야구를 하러 온 것이고, 지난 4년 연속 올스타급 성적을 냈습니다. 또한 메이저 리그 역사상 최초로 데뷔 첫 해부터 4시즌 연속 200안타라는 화려한 기록을 달성했습니다. 상대적으로 왜소한 체격에도 불구하고 이따금씩 홈런도 터뜨려 그가 메이저 리그에서 버텨낼 수 있을지 우려했던 전문가들의 생각이 잘못되었음을 입증했습니다.

정답 1c2b3c

○ leadoff hitter 1번 타자, 선두 타자
to carry the Japanese flag 일장기를 달기 위해서, 일본을 대표하여
in style 화려하게   consecutive 연속적인

162 3030 English 듣기 4탄

2. 듣고 풀자

청취 지문은 절대로 커닝하지 말고 시험 보는 학생의 마음으로 진지하게 풀어보세요.

1) 이 뉴스의 주제는?

a 우승을 향한 구단의 꾸준한 노력

b 구단의 패인 분석

c 구단의 재정적 위기

d 스타 선수의 스카우트

2) According to the passage, how did Tom Brady perform at his first two Super Bowls?

a Degrading

b Shallow

c Dangerous

d Outstanding

▲ shallow 천박한, 피상적인

3) What did the Patriots achieve over the past 4 years?

a They limited their mistakes in their passing game.

b They are the richest team in the NFL.

c They won three championships.

d They let Tom Brady win 2 MVP awards.

▲ passing game 미식축구의 공격 방식에는 공을 가지고 뛰는 running game과 먼 거리를 패스로 연결하는 passing game이 있음

2. 다시 듣고 해석해보자

지문을 눈으로 읽어 내려가며 다시 한 번 집중해서 들어보세요.

The New England Patriots followed a familiar routine: run the ball, limit mistakes in their passing game and rely heavily on their defense. Quarterback Tom Brady didn't stand out like he did while winning the MVP award at his first two Super Bowls, but he threw two touchdown passes. And the New England Patriots was crowned Super Bowl champion for the third time in four years. This legacy was not created overnight. The organization has been preparing the pieces of a championship team for the past decade.

뉴잉글랜드 패트리어츠는 공을 들고 뛰며, 패스 공격에서 실수를 최소화하고, 수비에 치중하는 익숙한 전략을 펼쳤습니다. 쿼터백 톰 브래디는 처음 출전했던 두 번의 슈퍼볼에서 MVP를 차지할 때만큼의 활약을 보이지는 못했지만 터치다운 패스를 두 번 성공시켰고, 뉴잉글랜드 패트리어츠는 지난 4년 동안 세 차례 슈퍼볼 챔피언에 등극했습니다. 이런 결과는 하루아침에 이루어진 것이 아닙니다. 구단은 지난 10년간 팀의 우승을 꾸준히 준비해왔습니다.

1a2d3c

- familiar 익숙한   routine 늘 해오던 방식
  run the ball (미식축구에서) 공을 잡고 뛰기   stand out 두각을 나타내다
  touchdown pass (미식축구에서) 터치다운까지 이어진 패스, 즉 점수로 이어진
  어시스트 패스   legacy 업적   organization 구단

3. 듣고 풀자

청취 지문은 절대로 커닝하지 말고 시험 보는 학생의 마음으로 진지하게 풀어보세요.

1) 다음 중 사실이 아닌 것은?

a 박찬호는 샌디에이고로 돌아가는 것을 거부했다.

b 박찬호는 4월 이후 좋은 성적을 내지 못했다.

c 텍사스 레인저스는 박찬호를 구단에서 내보내기로 했다.

d 텍사스 레인저스는 타자 한 명을 영입하기로 결정했다.

2) What was one of the reasons for Chan-ho Park's poor performance for the Rangers?

a His lack of concentration

b His problems with other players

c His injuries

d His salary

▲ concentration 집중력

3) How did Chan-ho Park perform this season?

a He was still injured and did not play.

b His inconsistent form made him unpopular.

c He managed to play better and was even given an award.

d He was the best pitcher in the major league.

▲ inconsistent 변덕스러운

지문을 눈으로 읽어 내려가며 다시 한 번 집중해서 들어보세요.

After 3 1/2 years of frustration, the Rangers finally traded the veteran Chan-ho Park to the San Diego Padres on Friday. Chan-ho's first few years were tough as he was always injured. But this year he was a positive force for the Rangers as he was voted Rangers player of the month in April. But after his performance in April, he was once again unstable on the mound. Ultimately the organization decided to let him go in exchange for another batter. Hopefully he can regain his form in the National league, where he made his debut.

3년 반 동안 실망스러운 성적을 거둔 후, 텍사스 레인저스는 결국 베테랑 선수 박찬호를 금요일, 샌디에이고 파드리스로 트레이드했습니다. 박찬호는 (레인저스로 이적한) 처음 몇 년간 부상에 시달리며 힘든 시기를 보냈으나, 올해 4월에는 레인저스에서 이달의 선수로 뽑힐 만큼 팀 전력에 보탬이 되었습니다. 하지만 4월에 거둔 성적 이후 또다시 마운드에서 불안한 모습을 보였고, 결국 구단은 그를 내보내고 타자 한 명을 영입하기로 했습니다. 자신이 데뷔했던 내셔널리그로 돌아가게 된 박찬호가 과거의 경기력을 회복할 수 있기를 바랍니다.

정답 1a2c3c

○ frustration 좌절, 실망   unstable 불안정한
   ultimately 궁극적으로, 결국에는   in exchange for ~을 대가로
   batter (야구에서) 타자   make one's debut 데뷔하다

답안을 커닝하면 아무런 학습효과도 볼 수 없습니다. 답안을 가리고 받아쓰기에 임하세요.

1. Perhaps one of the most dynamic leadoff hitters in recent
   history, Ichiro Suzuki says   .

2. He wasn't here   or to prove something.

3. He came to play baseball,   at an All-Star level
   for four years now.

4. Despite his relative small frame he has hit the occasional home
   runs and   to play this game.

5. And the New England Patriots was crowned Super Bowl
   champion   .

6. The organization   the pieces of
   a championship team   .

7.   , the Rangers finally traded the
   veteran Chan-ho Park to the San Diego Padres on Friday.

8. Chan-ho's first few years were tough   .

9. But this year   for the Rangers as he was
   voted Rangers player of the month in April.

10. But after his performance in April,
    he was   .

정답 1 coming to the majors was a personal thing 2 to carry the Japanese flag with him 3 which he has done 4 has proven critics wrong about his ability 5 for the third time in four years 6 has been preparing, for the past decade 7 After 3 1/2 years of frustration 8 as he was always injured 9 he was a positive force 10 once again unstable on the mound

바꿔 말해보자

한글 문장들을 영어로 바꿔 말해보세요. 혹시 잘 모르겠어도 일단 용감하게 도전해보세요.

1. 구단은 지난 10년간 팀의 우승을 꾸준히 준비해왔습니다.

2. 쿼터백 톰 브래디는 처음 출전했던 두 번의 슈퍼볼에서 MVP를 할 때만큼의 활약을 보이지는 못했지만 터치다운 패스를 두 번 성공시켰습니다.

3. 박찬호는 처음 몇 년간 부상에 시달리며 힘든 시기를 보냈습니다.

4. 근래 가장 역동적인 선두 타자로 꼽히는 스즈키 이치로가 메이저 리그로 오기로 결심한 것은 개인적인 이유에서였다고 말합니다.

5. 뉴잉글랜드 패트리어츠는 공을 들고 뛰며, 패스 공격에서 실수를 최소화하고, 수비에 치중하는 익숙한 전략을 펼쳤습니다.

6. 그리고 뉴잉글랜드 패트리어츠는 지난 4년 동안 세 차례 슈퍼볼 챔피언에 등극했습니다.

7. 하지만 그는 올해 4월 레인저스에서 이달의 선수로 뽑힐 만큼 팀 전력에 보탬이 되었습니다.

8. 그는 야구를 하러 온 것이고, 지난 4년 연속 올스타급 성적을 냈습니다.

정답 1 The organization has been preparing the pieces of a championship team for the past decade. 2 Quarterback Tom Brady didn't stand out like he did while winning the MVP award at his first two Super Bowls, but he threw two touchdown passes. 3 Chan-ho's first few years were tough as he was always injured. 4 Perhaps one of the most dynamic leadoff hitters in recent history, Ichiro Suzuki says coming to the majors was a personal thing. 5 The New England Patriots followed a familiar routine: run the ball, limit mistakes in their passing game and rely heavily on their defense. 6 And the New England Patriots was crowned Super Bowl champion for the third time in four years. 7 But this year he was a positive force for the Rangers as he was voted Rangers player of the month in April. 8 He came to play baseball, which he has done at an All-Star level for four years now.

Section 4
Interviews

자, 이번에는 재미있는 주제입니다.
외국 유명인들의 솔직담백한 인터뷰를 들어보세요.
본인이라면 저런 질문에 뭐라고 답했을까
생각하면서 들으면 더욱 재미있습니다.

탈락과 약화

소리와 소리가 만나서 변하기도 하지만 사라지거나 원래의 소릿값보다 약해지기도 한다. of는 [əv]이지만 다른 소리와 만나면 [ə]로 소릿값이 급격히 약화되기도 한다.

have는 [hæv]로 소리 나기도 하지만, should, would, could, might와 만나면 [əv]로 소리 난다. 같은 현상으로 them이 [em]에서 [əm]으로, him이 [him]에서 [im]으로 소리 나기도 한다. 이렇게 형식어로 강세를 받지 못해 소리가 약화 혹은 탈락되는 경우 외에도 발음의 편의상 탈락되는 소리들이 있다.

[sts] [sks] [sθəs] [θs] → [ss] [ss] [ss] [s]

costs[kɔsts] → [coss]   asks[æɑsks] → [æɑss]

sixths[siksθs] → [sikss]   twelfths[twelfθs] → [twelfs]

[nt] [ŋt] [nd] [ŋd] → [nd] [ŋ]

nd, nt가 단어 끝에 오면 제대로 소리 나지만 연음되면 d, t가 탈락된다.

wants[wʌnts] → [wʌns]   handful[hǽndfúl] → [hǽnfúl]

twenty[twénti] → [twéni]

positioned itself [pəzíʃənd itsélf] → [pəzíʃənitsélf]

standpoint of [stǽndpɔ̀int əv] → [stǽndpɔ̀inəv]

[tn] → [n]

이때 n 소리는 혀 끝이 입천장에 붙었을 때 나는 소리로 '은' 소리와 비슷하다.

Manhattan[mænhǽtn] → [mænhǽn]   eaten[íːtn] → [íːn]

1. 듣고 풀자

청취 지문은 절대로 커닝하지 말고 시험 보는 학생의 마음으로 진지하게 풀어보세요.

1) 폴과 빌의 공통점으로 언급된 것이 아닌 것은?

   a   같은 고등학교를 나왔다.

   b   컴퓨터광이었다.

   c   대학에서 같은 전공을 공부했다.

   d   소프트웨어 분야에 자신이 있었다.

2) **Why did Bill Gates locate Microsoft headquarters in Redmond, Washington?**

   a   He thought that property prices will rise in Redmond.

   b   He wanted to have his office where he grew up.

   c   Redmond had excellent infrastructure for a computer firm.

   d   The governor of Washington convinced Bill to make the move.

▲ property price 부동산 가격   governor 주지사

3) **What kind of dream did Paul and Bill share?**

   a   They wished to make computers affordable and available for everyone.

   b   They wanted to create the ultimate performance machine.

   c   They wanted to become the richest men in the world.

   d   They hoped to become computer nerds.

▲ ultimate 최고의, 최대의   nerd 얼간이, 멍텅구리

1. 다시 듣고 해석해보자

지문을 눈으로 읽어 내려가며 다시 한 번 집중해서 들어보세요.

Interviewer Mr. Gates, why are you located in Redmond, Washington?

Bill Gates I grew up here and I went to high school here with Paul Allen. And he and I had a dream about what computers could become. We personally wanted to own them; we wanted to use them as tools.

Interviewer Were you, like, computer nerds?

Gates We did our best to get computer time. We were crazy about them. This was when computers were really expensive. But we dreamed about a day when computers would be personal and that the software part was something we thought we could do better than anybody else.

기자 게이츠 씨, 어떻게 해서 워싱턴 레드몬드에 회사를 차리게 되셨는지요?

게이츠 저는 여기서 태어난 데다 고등학교도 폴 앨런과 같이 이곳에서 나왔거든요. 폴과 저는 컴퓨터가 앞으로 어떻게 될 것인가 기대를 가지고 있었어요. 개인적으로 저희는 컴퓨터를 가질 수 있으면 좋겠다고 생각했죠. 일종의 도구로 사용하기를 바랐던 거죠.

기자 두 분 모두 이를테면 컴퓨터광이었나 보죠?

게이츠 최대한 컴퓨터를 사용하는 시간을 많이 가지려고 했었죠. 컴퓨터에 미쳐 있었던 거죠. 당시에는 컴퓨터가 아주 비쌌거든요. 하지만 우리는 컴퓨터가 개개인에게 친숙한 물건이 되는 날을 꿈꿨고, 소프트웨어 분야에서는 우리가 다른 누구보다도 잘 해낼 수 있게 되는 날을 꿈꿨죠.

정답 1c2b3a

2. 듣고 풀자

청취 지문은 절대로 커닝하지 말고 시험 보는 학생의 마음으로 진지하게 풀어보세요.

1) 르윈스키가 사람들의 관심을 쉽게 받아들일 수 있었던 이유는?

a   본인이 피해자라고 생각해서

b   대범한 성격 때문에

c   사람들이 자신을 친절히 대해준다고 여겨서

d   사람들이 자신을 용서해줬다고 생각해서

2) How does Lewinsky feel about her involvement in the scandal?

a   She is proud of her actions.

b   She wants to earn money from her sudden fame.

c   She was forced to be involved in the scandal.

d   She is sorry for what she has done.

▲ fame 명성, 인기

3) How does Lewinsky deal with the attention she gets on the streets?

a   She goes up to the people and starts a conversation.

b   She covers her face and hides in disgrace.

c   She pretends she doesn't notice that people are watching her.

d   She files a lawsuit against people who are stalking her.

▲ disagree 불명예, 망신   file a lawsuit 소송을 제기하다

2. 다시 듣고 해석해보자

지문을 눈으로 읽어 내려가며 다시 한 번 집중해서 들어보세요.

Interviewer Miss Lewinsky, what has it been like being a central figure in a story known by the world? Do you feel like a victim?

Lewinsky It can get embarrassing sometimes. I don't feel like a victim. Just someone who made some personal mistakes and who's sorry for those mistakes.

Interviewer What's it like when you know people know you?

Lewinsky I just pretend that I don't notice that everybody notices me. But I honestly feel that people have been nice to me. So that makes it easier to accept.

기자 르윈스키 양, 세상 사람들이 모두 다 아는 이야기의 중심 인물이 된 소감이 궁금합니다. 본인이 피해자라는 생각이 드시는지요?

르윈스키 가끔 당혹감이 느껴지기는 해요. 피해자라는 생각은 들지 않아요. 그저 개인적으로 실수를 저질렀고, 또 그 점에 대해서 유감스럽게 느끼는 사람일 뿐이죠.

기자 사람들이 알아볼 때 기분은 어떤지요?

르윈스키 그냥 사람들이 알아본다는 사실을 모르는 것처럼 행동해요. 하지만 솔직히 사람들이 저에게 친절히 대해주었다는 생각이 들어요. 그래서 받아들이기가 더 쉬운 것 같아요.

정답 1c2d3c

○ victim 피해자

3. 듣고 풀자

청취 지문은 절대로 커닝하지 말고 시험 보는 학생의 마음으로 진지하게 풀어보세요.

1) 다음 중 사실이 아닌 것은?

   a 마사는 자신의 기대치를 충족시키길 좋아했다.

   b 마사는 금전적 보상을 위해 일하는 것을 좋아했다.

   c 매일 새로운 것을 배우는 것이 마사의 목표이다.

   d 마사는 처음으로 책을 내며 자신을 전문가라고 생각했다.

2) All of the following values are mentioned in the script by Martha EXCEPT_____.

   a a desire to help others

   b a desire to learn

   c a desire to teach

   d a desire to manage

🔺 manage 경영하다, 관리하다

3) What does Martha say happens to a person when he/she writes a book?

   a She says that people will come up to the author for autographs.

   b She says they will definitely succeed.

   c She says it is an entertaining experience.

   d She says people will start to listen to what the author says.

🔺 definitely 명확히, 확실히

지문을 눈으로 읽어 내려가며 다시 한 번 집중해서 들어보세요.

Interviewer	Martha Stewart, what age did you start thinking in a business state of mind?
Stewart	I've always liked to work for my own satisfaction and the reward of monetary gain. I wasn't driven by any specific kind of goal as much by a desire to learn, to teach, to succeed and to help others. And to learn something new every day is a goal of mine.
Interviewer	What was the thing that got you started?
Stewart	It was my first book, *Entertaining* in 1982. Once you write a book everyone thinks you are an expert and starts listening to what you are saying.

기자	마사 스튜어트 씨, 몇 살 때부터 사업적인 마인드를 갖기 시작하셨는지 궁금합니다.
스튜어트	저는 언제나 제 자신의 기대치를 충족시키고, 또 그에 대한 금전적 보상을 받기 위해 일하는 것을 좋아했어요. 그렇다고 어떤 특정한 목표를 정한 것은 아니었어요. 오히려 배우고, 가르쳐주고, 직접 해보고, 성공해서 남을 도와주고 싶은 욕구가 목표라면 목표일 수 있을 것 같아요. 또 매일 새로운 것을 배운다는 것 역시 제 목표이죠.
기자	처음 시작하게 된 계기는 무엇이었나요?
스튜어트	제가 1982년 처음으로 낸 책,《엔터테이닝》이 계기가 됐습니다. 사람들은 책을 쓰면 전문가라고 생각하고 그 사람이 하는 이야기에 귀를 기울이죠.

정답 1d2d3d

○ state of mind 사고방식, 심리 상태

듣고 받아써보자

답안을 커닝하면 아무런 학습효과도 볼 수 없습니다. 답안을 가리고 받아쓰기에 임하세요.

1. Mr. Gates,   Redmond, Washington?
2. And he and I had a dream about   .
3. We   computer time.
4.   them.
5. Miss Lewinsky,   a central figure
   in a story known by the world?
6. It   sometimes.
7.   when you know people know you?
8. So that   .
9. Martha Stewart, what age did you start
                                    ?
10. I've always   and
    the reward of monetary gain.

정답 1 why are you located in 2 what computers could become 3 did our best to get 4 We were crazy about 5 what has it been like being 6 can get embarrassing 7 What's it like 8 makes it easier to accept 9 thinking in a business state of mind 10 liked to work for my own satisfaction

바꿔 말해보자

한글 문장들을 영어로 바꿔 말해보세요. 혹시 잘 모르겠어도 일단 용감하게 도전해보세요.

1. 르윈스키 양, 세상 사람들이 모두 다 아는 이야기의 중심 인물이 된
   소감이 궁금합니다.

2. 또 매일 새로운 것을 배운다는 것 역시 제 목표이죠.

3. 게이츠 씨, 어떻게 해서 워싱턴 레드몬드에 회사를 차리게 되셨는지요?

4. 마사 스튜어트 씨, 몇 살 때부터 사업적인 마인드를 갖기 시작하셨는지요?

5. 그래서 받아들이기가 더 쉬운 것 같아요.

6. 그래서 그와 저는 컴퓨터가 앞으로 어떻게 될 것인가 기대를 가지고
   있었어요.

7. 사람들이 알아볼 때 기분은 어떤지요?

8. 저는 언제나 제 자신의 기대치를 충족시키고, 또 그에 대한 금전적
   보상을 받기 위해 일하는 것을 좋아했어요.

정답 1 Miss Lewinsky, what has it been like being a central figure in a story known by the world? 2 And to learn something new every day is a goal of mine. 3 Mr. Gates, why are you located in Redmond, Washington? 4 Martha Stewart, what age did you start thinking in a business state of mind? 5 So that makes it easier to accept. 6 And he and I had a dream about what computers could become. 7 What's it like when you know people know you? 8 I've always liked to work for my own satisfaction and the reward of monetary gain.

1. 듣고 풀자

청취 지문은 절대로 커닝하지 말고 시험 보는 학생의 마음으로 진지하게 풀어보세요.

1) 윌리스가 스타가 되기 전 가졌던 직업은?

a 감독
b 웨이터
c 조명기사
d 택시기사

2) Which of the following characteristics of Bruce Willis can you infer from the interview?

a Humble
b Generous
c Pessimistic
d Arrogant

▲ humble 겸손한   pessimistic 비관적인

3) How do Bruce Willis' friends help him?

a They help to keep him company.
b They take care of his finances.
c They keep him down to earth.
d They act as his agents.

▲ keep ~ company ~와 같이 있어주다, 말동무가 되어주다
    down to earth 대단한 스타에서 평범한 사람으로 돌아온, 평범(겸손)하게 행동하는

1. 다시 듣고 해석해보자

지문을 눈으로 읽어 내려가며 다시 한 번 집중해서 들어보세요.

Interviewer	Bruce Willis, you have to admit you are a megastar. Do you have any problems working with directors because of your status?
Willis	It always makes me laugh to hear people say, you're a superstar. I am fortunate, and I've had some lucky breaks.
Interviewer	Before you made it big you worked as a waiter in New York. But did you always know what you wanted to do?
Willis	Yes, I knew I wanted to act. But I never imagined my career to go in this direction. In fact I never knew I was going to do TV. My friends help to keep me in place.

기자	브루스 윌리스 씨, 자신이 최고의 스타라는 사실을 스스로도 인정하실 텐데, 이런 점 때문에 감독들과 일하는 데 어려움은 없나요?
윌리스	사람들이 절 보고 슈퍼스타라고 하는 얘기를 들으면 웃음이 나옵니다. 운이 좋아서 좋은 기회가 있었을 뿐이죠.
기자	크게 성공하기 전에 뉴욕에서 웨이터 생활을 하신 적도 있는데요. 자신이 무엇을 하고 싶은지 잊지 않고 있었나요?
윌리스	네, 연기를 하고 싶어 한다는 것을 잘 알고 있었죠. 하지만 제 앞날이 이런 방향으로 흘러갈 거라곤 생각하지 못했죠. 사실 TV를 통해 활동하게 되리라고는 상상도 못했거든요. 친구들 덕에 지금처럼 분수를 지키며 살 수 있는 것 같아요.

정답 1b2a3c

○ lucky break 운 좋게 얻은 기회, 행운   make it big 크게 성공하다

2. 듣고 풀자

청취 지문은 절대로 커닝하지 말고 시험 보는 학생의 마음으로 진지하게 풀어보세요.

1) 이 뉴스의 주제는?

a 스미스 목사의 결혼

b 스미스 목사의 동성결혼 지지

c 스미스 목사의 동성결혼 반대

d 스미스 목사의 동성결혼 금지법 추진

2) All of the following are reasons why Pastor Smith objects to same sex marriages EXCEPT _____.

a they challenge the building blocks of our society

b he wants to maintain a heterosexual congregation at his church

c they cannot be seen as a marriage

d he has deep social concerns about the phenomenon

▲ heterosexual 이성애의   congregation 모임, 회합, 집회

3) Why does Pastor Smith feel that same sex marriages will not be legalized?

a He has already influenced the President.

b People will vote for legalization of this marriage.

c Such legalization attempts have all failed in the past.

d God will prevent such an occurrence.

▲ legalization 적법화, 법률화

2. 다시 듣고 해석해보자

지문을 눈으로 읽어 내려가며 다시 한 번 집중해서 들어보세요.

Interviewer	Pastor Smith, why do you oppose same sex marriages?
Smith	This kind of relationships cannot be seen as a marriage. They are a direct confrontation, a revolution that wants to break down the most fundamental building block of our society. I have deep cultural and social concerns about this situation.
Interviewer	Do you feel that America will vote to allow such unions?
Smith	There have been attempts to legalize it in the past and they all failed. So I believe that there will be similar results this time round.

기자	스미스 목사님, 목사님께서는 왜 동성 간의 결혼을 반대하시는지요?
스미스	그런 식의 관계는 결코 결혼이라고 볼 수 없습니다. 이는 우리 사회의 가장 근본이 되는 원칙을 무너뜨리려는 혁명이자, 정면 도전인 셈이죠. 저는 이런 상황에 대해 사회적, 문화적으로 깊은 우려를 느끼고 있습니다.
기자	미국 사회가 이러한 결합을 받아들이리라고 보시는지요?
스미스	과거에도 동성 간의 결혼을 합법화하려는 시도가 있었지만 모두 실패했습니다. 그래서 전 이번에도 비슷한 결과가 나오리라 생각합니다.

정답 1c2b3c

○ confrontation 직면, 대립 building block 기본 원칙 union 결합, 연합
(동성 간의 결혼을 marriage라고 표현하지 않는 대신 완곡하게 지칭하는 단어)

청취 지문은 절대로 커닝하지 말고 시험 보는 학생의 마음으로 진지하게 풀어보세요.

1) 호건이 레슬링을 하는 이유로 언급한 것은?

a   타고났기 때문에

b   돈을 벌기 위해

c   유명해지기 위해

d   프로모터가 되기 위해

2) How do wrestlers act towards the promoters?

a   They need to keep the promoters on their toes.

b   They must try not to offend them.

c   They can do whatever they want.

d   They need to stay behind the scenes.

🔺 behind the scene 비밀의, 막후의

3) What can you infer from the interview?

a   Wrestlers lose a lot blood while they wrestle.

b   Promoters are charitable and caring.

c   Wrestlers got paid very little for their effort in the past.

d   Conditions now are getting worse than before.

🔺 charitable 자비로운, 관대한

3. 다시 듣고 해석해보자

지문을 눈으로 읽어 내려가며 다시 한 번 집중해서 들어보세요.

Interviewer Tonight, with us is Hulk Hogan. What is the relationship between the wrestler and the promoters?

Hogan There are only two promoters, WCW and WWE. So obviously the wrestler has to kiss up to them, hoping to stay on their good side.

Interviewer Why do you wrestle?

Hogan I believe it's in the blood for many of us. Conditions are a lot better now but in the past it was terrible. I knew a guy who drove 400 miles to get his head hit by a metal chair in a match and get $25 and drive all the way back 400 miles.

기자 오늘 밤, 헐크 호건 씨가 자리해주셨습니다. 레슬링 선수와 프로모터는 어떤 관계인가요?

호건 프로모터라고는 WCW와 WWE 딱 두 곳밖에 없죠. 그래서 레슬링 선수는 이들 프로모터 업체들의 비위를 맞추기 위해 아부를 해야 하는 실정이죠.

기자 왜 레슬링을 하시는 겁니까?

호건 많은 선수들이 타고난다고 생각합니다. 지금은 상황이 많이 좋아졌지만 과거엔 아주 열악했죠. 제가 아는 어떤 사람은 한 경기에서 겨우 25달러를 받으려고 철제 의자로 머리를 얻어맞고 400마일이나 되는 거리를 왔다가 돌아가기도 했지요.

정답 1a2b3c

○ promoter 흥행주, 프로모터   kiss up to ~에게 애교를 떨다, 잘 보이려고 하다
WCW/WWE World Championship Wrestling/World Wrestling Entertainment

듣고 받아써보자

답안을 커닝하면 아무런 학습효과도 볼 수 없습니다. 답안을 가리고 받아쓰기에 임하세요.

1. Do you   directors
   because of your status?

2. It always   people say,
   you're a superstar.

3. But I never imagined my career   .

4. Pastor Smith,   same sex marriages?

5. This kind of relationships   .

6. I have deep   this situation.

7. There   it in the past and
   they all failed.

8. So obviously the wrestler   ,
   hoping to stay on their good side.

9. I believe it's   .

10.   now but in the past it was terrible.

정답 1 have any problems working with 2 makes me laugh to hear 3 to go in this direction 4 why do you oppose 5 cannot be seen as a marriage 6 cultural and social concerns about 7 have been attempts to legalize 8 has to kiss up to them 9 in the blood for many of us 10 Conditions are a lot better

바꿔 말해보자

한글 문장들을 영어로 바꿔 말해보세요. 혹시 잘 모르겠어도 일단 용감하게 도전해보세요.

1. 나는 많은 선수들이 타고난다고 생각합니다.

2. 이런 식의 관계는 결코 결혼이라고 볼 수 없습니다.

3. 그래서 레슬링 선수는 그들의 비위를 맞추기 위해 아부를 해야 하는 실정이죠.

4. 지금은 상황이 많이 좋아졌지만 과거엔 아주 열악했죠.

5. 본인의 위치 때문에 감독들과 일하는 데 어려움은 없나요?

6. 과거에도 동성 간의 결혼을 합법화하려는 시도가 있었지만 모두 실패했습니다.

7. 하지만 제 앞날이 이런 방향으로 흘러갈 거라곤 생각하지 못했죠.

8. 사람들이 절 보고 슈퍼스타라고 하는 얘기를 들으면 웃음이 나옵니다.

정답 1 I believe it's in the blood for many of us. 2 This kind of relationships cannot be seen as a marriage. 3 So obviously the wrestler has to kiss up to them, hoping to stay on their good side. 4 Conditions are a lot better now but in the past it was terrible. 5 Do you have any problems working with directors because of your status? 6 There have been attempts to legalize it in the past and they all failed. 7 But I never imagined my career to go in this direction. 8 It always makes me laugh to hear people say, you're a superstar.

1. 듣고 풀자

청취 지문은 절대로 커닝하지 말고 시험 보는 학생의 마음으로 진지하게 풀어보세요.

1] 이 인터뷰의 주제는?

   a   남아공의 인종 차별정책

   b   남아공의 인구 비율

   c   남아공의 사형제도

   d   남아공의 사회복지제도

2] According to Mandela why did South Africa have apartheid?

   a   It was the only system which they knew.

   b   South Africa learned it from neighboring countries

   c   White people needed it to maintain power.

   d   The Americans taught them the importance of segregation.

▲ segregation 인종 차별, 분리

3] Why wasn't Mandela surprised when he was sentenced to life imprisonment?

   a   He was expecting to escape from prison.

   b   He knew that foreigners will fight for his release.

   c   He was willing to die and expected to get executed.

   d   He knew he was going to be President one day.

1. 다시 듣고 해석해보자

지문을 눈으로 읽어 내려가며 다시 한 번 집중해서 들어보세요.

Interviewer	President Mandela, did you ever try to understand apartheid?
Mandela	It's difficult to understand such a phenomenon, but I think that in a country like South Africa where the overwhelming majority of the population was black and that the white people merely about 14 percent of the population, they regarded it as the best way to protect white supremacy. That's when we must fight racism to the death.
Interviewer	But you knew what was going to happen to you if you put up a struggle?
Mandela	That was probably why we weren't surprised when we were sentenced for life. We were expecting to be executed.

기자	만델라 대통령 각하, 남아공의 인종 차별정책을 이해해보려고 한 적이 있으셨는지요?
만델라	인종 차별정책은 이해하기 참 어려운 현상입니다. 그러나 인구의 절대 다수가 흑인이고 백인이 겨우 14퍼센트 정도를 차지하는 남아프리카공화국 같은 나라에서 백인 우월주의를 지켜나가기 위한 최선의 방법으로 여겼던 것이 아닐까 생각합니다. 그때 우린 인종 차별주의를 없애기 위해서는 죽을 각오로 싸워야 한다고 생각했습니다.
기자	하지만 투쟁을 계속하면 자신에게 어떤 일이 생길지도 알고 계셨죠?
만델라	그랬기 때문에 종신형을 선고 받았을 때도 놀라지 않았는지도 모르겠습니다. 사실 우리는 처형당할 거라고 생각했었거든요.

정답 1a2c3c

2. 듣고 풀자

청취 지문은 절대로 커닝하지 말고 시험 보는 학생의 마음으로 진지하게 풀어보세요.

1) 클라인이 광고를 취소한 이유는?

   a 청소년 유해광고로 판정 받아서

   b 대중의 반응이 예상과 달라서

   c 경쟁사의 광고와 유사한 점이 있어서

   d 광고 모델이 사회적 물의를 일으켜서

2) What did Calvin Klein initially intend with his commercials?

   a He wanted to create something risky but fun.

   b He hoped to make an imitation of pornography.

   c He wanted to create a positive image of models.

   d He hoped to make a good impression of himself.

▲ risky 모험적인, 위험한

3) How did Calvin react to accusations of creating eating disorders?

   a He apologized immediately and said he was sorry.

   b He felt that it was not his fault.

   c He knew what the public wanted.

   d He just wanted to make attractive designer clothes.

2. 다시 듣고 해석해보자

지문을 눈으로 읽어 내려가며 다시 한 번 집중해서 들어보세요.

Interviewer	We have Calvin Klein here tonight talking about his controversial commercials which seem to imitate pornography. Calvin, can you tell us more about it?
Klein	We thought that we were doing something that was a bit on the edge and might be interpreted as fun. It wasn't. I withdrew the ads immediately and apologized, because I have no intentions of offending anyone.
Interviewer	Some people are saying you are also helping to create the skinny craze and eventually eating disorders.
Klein	I understand it is a serious problem, you know, and that there are people that do have eating disorders. But it's not because of our advertising. I refuse to believe it.

기자	오늘 밤에는 캘빈 클라인 씨를 모시고 마치 포르노를 모방한 듯한 그의 광고에 대해 이야기해보려고 합니다. 캘빈, 이 점에 대해 좀 더 말씀해 주시겠어요?
클라인	우린 이 광고가 어느 정도 모험이며, 단순한 재미로 해석될 수도 있겠다고 생각했어요. 하지만 그게 아니었죠. 이 광고의 의도가 어느 누구의 기분을 상하게 만들려는 것이 아니었던 만큼 저는 광고를 즉각 취소하고 공식 사과를 했습니다.
기자	일각에서는 당신이 바싹 마른 몸매에 대한 집착을 조장하고 결국 식이장애까지 초래하는 데 일조했다고 보는데요.
클라인	그것이 심각한 문제라는 점, 또 식이장애가 있는 사람들이 있다는 것도 압니다. 하지만 그것은 우리 광고 때문은 아닙니다. 전 그렇게 생각하지 않습니다.

정답 1b2a3b

○ on the edge 모험적인, ~의 가장자리에   eating disorder 식이장애

3. 듣고 풀자

청취 지문은 절대로 커닝하지 말고 시험 보는 학생의 마음으로 진지하게 풀어보세요.

1) 달라이 라마가 자신의 책에 대해 언급한 것은?

   a   서양인을 위한 불교 입문서가 될 것이다.

   b   행복해지는 방법을 가르쳐줄 것이다.

   c   마음의 평화에 이르는 경험을 보여줄 것이다.

   d   물질적 만족감을 얻게 될 것이다.

2) What does the Dalai Lama believe?

   a   He believes everyone should become a Buddhist.

   b   He is against the doctrines of Christianity.

   c   He thinks everyone has the potential to attain peace.

   d   He wants the Western world to accept his teachings.

▲ doctrine 교리   potential 잠재성

3) What is the reason for the increase in interest in Buddhism in the West?

   a   Buddhism is just a fad.

   b   The Dalai Lama is a very charismatic leader.

   c   Westerners feel that Buddhism helps to increase their material wealth.

   d   People are looking for non-materialistic elements to give them peace.

지문을 눈으로 읽어 내려가며 다시 한 번 집중해서 들어보세요.

Interviewer	Welcome your holiness, the Dalai Lama. You have written a bestselling book, *The Art of Happiness*. Do you think you can teach people to be happy?
Dalai Lama	I do believe we have the same potential to reach the same sort of peace of mind. In this way my experiences in the book might be a guideline.
Interviewer	Why do you think there is such a huge interest in the West about Buddhism?
Dalai Lama	I believe that people who have experienced material fulfillment will realize sooner or later that there is a limit to the happiness or peace materials can provide. And then they start searching for something else to provide that feeling of calm.

기자	달라이 라마 님, 반갑습니다. 베스트셀러 《행복의 기술》이란 책을 쓰셨습니다. 본인이 사람들에게 행복해지는 방법을 가르칠 수 있다고 생각하시는지요?
달라이 라마	우리는 어느 정도 같은 마음의 평정에 이를 수 있는 잠재력을 모두 가지고 있다고 믿고 있습니다. 그런 점에서 책에 소개된 제 경험들이 일종의 지침이 될 수 있을 거라고 생각합니다.
기자	서양인들이 불교에 관한 상당한 관심을 보이고 있는데 그 이유가 뭐라고 생각하십니까?
달라이 라마	물질적인 만족감을 느껴본 사람들은 곧 물질이 줄 수 있는 행복이나 평화에는 한계가 있다는 것을 깨닫게 되죠. 그래서 그 사람들은 마음의 평정을 주는 무언가를 찾기 시작하죠.

정답 1c2c3d

1. That's when many of us felt that racism was part of South Africa and _____.

2. But you knew what was going to happen to you _____?

3. That was probably why we weren't surprised _____.

4. We _____.

5. The ad created a response _____.

6. We thought that we were doing something _____ and might be interpreted as fun.

7. I withdrew the ads immediately and apologized, because I _____.

8. I understand it is a serious problem, you know, and that there are people _____.

9. Everybody _____.

10. But I do believe we have the same potential _____.

정답 **1** we must fight racism to the death **2** if you put up a struggle **3** when we were sentenced for life **4** were expecting to be executed **5** which we never expected **6** that was a bit on the edge **7** have no intentions of offending anyone **8** that do have eating disorders **9** has different characteristics **10** to reach the same sort of peace of mind

바꿔 말해보자

한글 문장들을 영어로 바꿔 말해보세요. 혹시 잘 모르겠어도 일단 용감하게 도전해보세요.

1. 이 광고의 의도가 어느 누구의 기분을 상하게 만들려는 것이 아니었던 만큼 저는 광고를 즉각 취소하고 사과를 했죠.

2. 그것이 심각한 문제라는 점, 또 식이장애가 있는 사람들이 있다는 것도 압니다.

3. 하지만 투쟁을 계속하면 자신에게 어떤 일이 생길지도 당신은 알고 계셨죠?

4. 그리고 나서 사람들은 마음의 평정을 주는 무언가를 찾기 시작하죠.

5. 우린 이 광고가 어느 정도 모험이며, 단순한 재미로 해석될 수도 있겠다고 생각했어요.

6. 그랬기 때문에 우리가 종신형을 선고 받았을 때도 놀라지 않았는지도 모르겠습니다.

7. 서양인들이 불교에 관한 상당한 관심을 보이고 있는데 당신은 그 이유가 뭐라고 생각하십니까?

8. 사실 우리는 처형당할 거라고 생각했었거든요.

정답 1 I withdrew the ads immediately and apologized, because I have no intentions of offending anyone. 2 I understand it is a serious problem, you know, and that there are people that do have eating disorders. 3 But you knew what was going to happen to you if you put up a struggle? 4 And then they start searching for something else to provide that feeling of calm. 5 We thought that we were doing something that was a bit on the edge and might be interpreted as fun. 6 That was probably why we weren't surprised when we were sentenced for life. 7 Why do you think there is such a huge interest in the West about Buddhism? 8 We were expecting to be executed.

194 3030 English 듣기 4탄

1. 듣고 풀자 DAY-23

청취 지문은 절대로 커닝하지 말고 시험 보는 학생의 마음으로 진지하게 풀어보세요.

1) 다음 중 사실이 아닌 것은?

a 푸틴의 가장 큰 관심사는 자신의 조국이다.

b 푸틴은 미국과의 관계를 중요시 여긴다.

c 푸틴은 KGB에서의 경험이 끔찍했다고 여긴다.

d 푸틴은 KGB에서의 경험이 흥미로웠다고 여긴다.

2) Why is Putin interested in the American presidential elections?

a He is a busybody.

b He wants to know who will be his next enemy.

c It is because the U.S. is an important partner for Russia.

d It is because of what he learned in the KGB.

🔺 busybody 참견 잘하는 사람

3) All of the following things are elements Putin learned in the KGB EXCEPT _____.

a the ability to speak 4 languages

b the ability to deal with people

c the ability to gather information

d the ability to know what is important

1. 다시 듣고 해석해보자

지문을 눈으로 읽어 내려가며 다시 한 번 집중해서 들어보세요.

Interviewer	President Putin, do you have a great interest in the American Presidential race?
Putin	Naturally. First and foremost, I am interested in my own country, but the United States is one of our most important partners. And therefore, we are very much interested in what's going to happen with respect to the next Presidency in this country.
Interviewer	Did you enjoy your career at the KGB?
Putin	It was an interesting job. It helped to increase my vision, to learn skills of dealing with people, with information. It taught me to differentiate priority and what is less important.

기자	푸틴 대통령 각하, 미국 대통령 선거에 관심이 많으신지요?
푸틴	당연하죠. 일차적으로 제 관심사는 제 조국에 있지만 미국은 우리나라와 가장 중요한 관계에 있는 나라 중 하나이죠. 그래서 저는 이 나라의 차기 대통령과 관련해 어떤 일이 벌어질지 지대한 관심을 가지고 있습니다.
기자	KGB에서 근무한 것이 만족스러운 경험이었는지 궁금합니다.
푸틴	흥미 있는 일이었죠. 비전을 키웠고, 사람들과 정보를 다루는 기술을 배울 수 있었으니까요. 이때의 경험을 통해 가장 중요한 것과 덜 중요한 것을 구분하는 방법을 배웠죠.

정답 1c2c3a

○ Presidential race 대통령 선거전　first and foremost 무엇보다도 먼저
differentiate ~을 차별화시키다

2. 듣고 풀자

청취 지문은 절대로 커닝하지 말고 시험 보는 학생의 마음으로 진지하게 풀어보세요.

1) 이 인터뷰의 주제는?

a   힐러리의 백악관 생활

b   힐러리의 자선파티

c   힐러리의 정치 야망

d   힐러리가 존경하는 인물

2) Which of the following is Hillary's favorite room in the White House?

a   The Oval Office

b   The guest house

c   The Map Room

d   The backyard

> Oval Office 미 대통령 집무실
> Map Room 전략 모의실로 사용되는 백악관 내 공간

3) Why does Hillary feel she is at the White House temporarily?

a   She isn't allowed to decorate the place.

b   She is too busy to spend time in the White House.

c   She has bad memories of her husband in the White House.

d   She knows people lived there before and will do so in the future.

지문을 눈으로 읽어 내려가며 다시 한 번 집중해서 들어보세요.

Interviewer	Hillary Clinton speaks to us about her life in the White House. Did you have a favorite room?
Hillary	The Map Room where President Roosevelt plotted our strategy for the Allied victory in World War II. It has such historical significance. I had been there for meetings and seen its effects on people.
Interviewer	Do you feel like you are just a tenant who is going to move out eventually?
Hillary	You know people lived here before and will do so after I leave. So I guess you do feel temporary. But I worked hard to make it feel like home.

기자	힐러리 클린턴 여사를 모시고 백악관 생활에 대한 이야기를 나눠보도록 하겠습니다. 특별히 좋아하던 방이 있으셨는지요?
힐러리	루스벨트 대통령께서 제2차 세계대전 당시 연합군의 승리를 위한 전략을 세우던 '지도의 방'이 그랬습니다. 역사적으로 아주 중요한 의미를 담고 있는 방이죠. 저도 회의하려고 그 방을 사용했었는데, 방이 사람들에게 미치는 영향을 확인할 수 있었답니다.
기자	언젠가는 나가야 하는 세입자 같은 느낌이 들지는 않았는지요?
힐러리	제가 살기 이전에도 이곳엔 사람들이 살았고 제가 떠난 후에도 그렇게 될 거잖아요. 그러니 임시로 살고 있다는 느낌을 가질 수밖에 없죠. 하지만 저는 최대한 그곳을 내 집처럼 생각하려고 노력했어요.

정답 1a2c3d

○ plot ~을 계획하다, 꾀하다   tenant 세입자

3. 듣고 풀자

청취 지문은 절대로 커닝하지 말고 시험 보는 학생의 마음으로 진지하게 풀어보세요.

1) 엔싱크가 가장 먼저 성공을 이룬 곳은?

a 미국
b 유럽
c 남미
d 아시아

2) **All of the following are true about N'Sync EXCEPT _____.**

a Justin's mother came up with the name of the group
b they met Lance while doing the Mickey Mouse Club
c they started the group six years ago
d they performed as an acappela group

▲ Mickey Mouse Club 디즈니에서 하는 어린이 프로그램

3) **According to the interview why weren't there any fans at the airport waiting for them in the U.S.?**

a Fans in the U.S. are not as dedicated as those in Europe.
b They always flew back to the U.S. in secret.
c They were not popular in the U.S.
d Their parents didn't allow fans to meet them.

지문을 눈으로 읽어 내려가며 다시 한 번 집중해서 들어보세요.

Interviewer	We have with us tonight, N'Sync. Tell us how you started out and turned into such mega stars?
N'Sync	We used to do a lot of acappela singing together. We had worked together before in Universal Studios in Florida and on the Mickey Mouse Club. We all knew one another except for Lance. And Justin's mom came up with our name N'Sync.
Interviewer	And after that?
N'Sync	It got a little weird. We had some success in Europe first. So when we arrive in Europe we had hundreds of fans waiting for us in the airport. When we came back to the US, nobody. Our parents would come pick us up.

기자	오늘 밤에는 엔싱크를 모셨습니다. 처음 시작과 메가 스타로 성장하기까지의 과정에 대해 말씀을 부탁드립니다.
엔싱크	같이 아카펠라를 많이 했었죠. 저희는 플로리다에 있는 유니버설 스튜디오, 그리고 미키 마우스 클럽에서 전부터 활동을 함께해왔어요. 사실 랜스만 빼고 전부터 다 알고 지내던 사이예요. 저스틴의 어머니께서 엔싱크라는 그룹명을 지어주셨어요.
기자	그러고 나서는요?
엔싱크	좀 이상하게 됐어요. 유럽에서 먼저 성공을 했으니까요. 그래서 저희가 유럽에 도착했을 때는 수백 명의 팬들이 공항에서 저희를 기다리고 있었죠. 그런데 미국에 다시 돌아왔을 땐, 아무도 없었어요. 저희 부모님들만이 마중을 나오셨더군요.

정답 1b2b3c

듣고 받아써보자

답안을 커닝하면 아무런 학습효과도 볼 수 없습니다. 답안을 가리고 받아쓰기에 임하세요.

1. President Putin,
   the American Presidential race?

2. And therefore, we are very much interested in
   to the next Presidency in this country.

3. It helped to increase my vision, to learn skills of
   .

4. It taught me to differentiate priority and   .

5. It has   .

6. I had been there for meetings and seen   .

7. Do you feel like you are just a tenant   ?

8. But I worked hard   .

9. Tell us   and   such mega stars?

10. We   a cappella singing together.

정답 1 do you have a great interest in 2 what's going to happen with respect 3 dealing with people, with information 4 what is less important 5 such historical significance 6 its effects on people 7 who is going to move out eventually 8 to make it feel like home 9 how you started out, turned into 10 used to do a lot of

바꿔 말해보자

한글 문장들을 영어로 바꿔 말해보세요. 혹시 잘 모르겠어도 일단 용감하게 도전해보세요.

1. 그것은 역사적으로 아주 중요한 의미를 담고 있어요.

2. 하지만 저는 최대한 그곳을 내 집처럼 생각하려고 노력했어요.

3. 저는 회의를 하려고 거기를 사용했었는데, 사람들에게 미치는 영향을 확인할 수 있었답니다.

4. 저희 부모님들이 마중을 나오셨어요.

5. 언젠가는 나가야 하는 세입자 같은 느낌이 들지는 않았는지요?

6. 그건 내 비전을 키우도록 도와줬고 사람들과 정보를 다루는 기술을 배울 수 있게 해주었어요.

7. 저스틴의 어머니께서 엔싱크라는 그룹명을 지어주셨어요.

8. 이때의 경험을 통해 가장 중요한 것과 덜 중요한 것을 구분하는 방법을 배웠죠.

정답 1 It has such historical significance. 2 But I worked hard to make it feel like home. 3 I had been there for meetings and seen its effects on people. 4 Our parents would come pick us up. 5 Do you feel like you are just a tenant who is going to move out eventually? 6 It helped to increase my vision, to learn skills of dealing with people, with information. 7 Justin's mom came up with our name N'Sync. 8 It taught me to differentiate priority and what is less important.

청취 지문은 절대로 커닝하지 말고 시험 보는 학생의 마음으로 진지하게 풀어보세요.

1) 이 인터뷰의 주제는?

　a　행크스의 데뷔 작품

　b　행크스의 유머 감각

　c　행크스의 가족사

　d　행크스의 작품 선택 기준

2) According to Tom Hanks what kinds of people do comedies?

　a　People who are depressed in their normal lives

　b　People who have a strong desire for fame

　c　People who are born with the talent to make others laugh

　d　People who are ambitious and daring

▲　depressed 우울한　　ambitious 대망을 품은

3) All of the following are things Tom considers before selecting a script EXCEPT?

　a　Who he is going to work with

　b　The things he will get to do which he hasn't done before

　c　The amount of money he is going to get paid

　d　The motif of the script

1. 다시 듣고 해석해보자

지문을 눈으로 읽어 내려가며 다시 한 번 집중해서 들어보세요.

Interviewer	We have here actor, Tom Hanks. Tom, what makes it so hard to do comedy?
Hanks	I think that being funny is something that you are born with. I believe you have it or you don't.
Interviewer	Okay, and how do you go about selecting a script?
Hanks	You have to have a theme. What is the theme of this piece? What is it saying about the human condition, first, the American condition, second, and my condition? And then who am I going to have an opportunity to work for? What is it that I get to do that I've done well before? These things all add up to help me decide on a script.

기자	오늘은 영화배우 톰 행크스 씨를 모시고 이야기해보겠습니다. 톰, 코미디 연기가 어려운 이유가 뭘까요?
행크스	유머 감각은 타고나는 거라고 생각해요. 문제는 이런 감각을 타고나느냐 아니냐는 것이죠.
기자	알겠습니다. 그럼 대본 선정은 어떤 식으로 하시는지요?
행크스	뭔가 주제가 있어야 해요. 이 작품의 주제는 뭔가? 첫째로 인생살이에 대해 무슨 이야기를 하고 있는가? 둘째로, 미국의 상황에 대해, 그리고 현재 나의 상황에 대해 어떤 얘길 하고 있는가? 다음으로, 어떤 사람들과 일하게 되는가? 이런 질문들을 모두 고려해 대본을 선택하죠.

정답 1d2c3c

● go about ~을 하기(다루기) 시작하다　　add up 합해지다. 총계가 ~가 되다
　decide on (고심 끝에) ~을 선택하다

204　3030 English 듣기 4탄

2. 듣고 풀자

청취 지문은 절대로 커닝하지 말고 시험 보는 학생의 마음으로 진지하게 풀어보세요.

1) 다음 중 사실이 아닌 것은?

a 타이거는 출전 경기 선택에 신중함을 보인다.

b 타이거는 여러 변수를 고려해 경기력을 최고조로 끌어올린다.

c 타이거는 자신에게 벌어진 일들을 뒤돌아볼 여유가 없었다.

d 타이거는 처음에 인기에 적응하지 못했다.

2) All of the following are things Tiger considers before selecting to play in a tournament EXCEPT _____.

a whether he liked playing there

b who he is competing against

c his schedule to play in the majors

d whether he had played there or not

▲ majors (여기서는) 4대 골프시합

3) How does Tiger react to his stardom now?

a He takes a vacation.

b He goes home immediately after a tournament.

c He is used to it by now.

d He goes wild with joy.

지문을 눈으로 읽어 내려가며 다시 한 번 집중해서 들어보세요.

Interviewer	Here is Tiger Woods. Tiger, how do you decide which tournaments to play?
Woods	One is whether I've played there or not before or whether I like the place. A lot of different factors go into it. But it also has a lot to do with the majors, and gearing up for the majors. I like to have my game peaking for those things.
Interviewer	You are obviously incredible at what you do. But do you ever stop to think about what's happening?
Woods	To me this has been really wild. The first time some-one recognized me on the street-that was a very wild experience. But now I can say I've gotten used to it.

기자	자, 타이거 우즈를 모십니다. 타이거, 출전 경기를 선택하는 데 어떤 선택 기준이 있는지요?
우즈	우선은 전에 경기한 적이 있는 곳인지, 혹은 장소가 마음에 드는지 등부터 시작해 많은 요소들을 고려합니다. 하지만 4대 메이저 경기와 다른 메이저 경기들을 준비하는 것과도 밀접하게 관련됩니다. 이런 것들에 대비해 경기력이 최고조에 이르게 하고 싶거든요.
기자	자신의 분야에서 정말 뛰어난 역량을 발휘하고 계신데요. 혹시 자신에게 일어나는 일들을 가만히 생각해보신 적이 있는지요?
우즈	이 모든 게 제겐 예상치도 못한 갑작스런 일이었어요. 처음 누군가 거리에서 저를 알아봤을 때 도무지 적응이 안 됐죠. 하지만 지금은 익숙해진 것 같아요.

정답 1c2b3c

○ gear up for ~를 위해 준비하다　　be incredible at ~에 뛰어난 재능이 있다

3. 듣고 풀자

청취 지문은 절대로 커닝하지 말고 시험 보는 학생의 마음으로 진지하게 풀어보세요.

1) 다음 중 사실이 아닌 것은?

a   〈All for you〉는 재닛의 앨범 이름이다.

b   재닛은 현재 콘서트 투어 중이다.

c   재닛은 종교를 가진 적이 없다.

d   재닛은 두 번의 결혼 경력이 있다.

2) Janet's album was dedicated to _____.

a   her husband

b   her family

c   her fans

d   her management company

🔺 management company 기획사

3) Why is dating a new experience for Janet?

a   She has little experience in dating men.

b   Her mother does not allow her to get married.

c   Her ex-husband is a very suspicious man.

d   She was too busy with work to date guys.

🔺 suspicious 의심이 많은

3. 다시 듣고 해석해보자

지문을 눈으로 읽어 내려가며 다시 한 번 집중해서 들어보세요.

Interviewer	Janet Jackson, your album, *All For You*, does it have any meaning?
Janet	Yes, it is for the fans.
Interviewer	How do you feel about relationships with men? Do you go out on dates?
Janet	Well, I grew up a Jehovah's Witness, that's my mother's religion, and you're not supposed to think of dating unless you're ready to get married. And then I went out with James and then we got married, and I went out with Rene and then we got married. So those were the only two people I've ever really been with. But now that I am beginning to date and it is a very new experience for me.

기자	재닛, 당신의 앨범 〈All for you〉는 어떤 특별한 의미가 있나요?
재닛	네, 이 앨범은 팬들을 위한 거죠.
기자	남성과의 관계에 대해선 어떻게 생각하나요? 데이트는 하는지요?
재닛	저는 '여호와의 증인'으로 자랐어요. 모태 신앙이었으니까요. 이 종교에선 결혼할 준비가 되기 전에는 데이트는 꿈도 꿀 수 없어요. 그래서 전 제임스와 데이트를 하고 결혼했고, 그다음엔 르네와 데이트한 뒤 결혼했어요. 그러니깐 그 두 사람만이 제가 여태껏 데이트를 했던 사람들이 되는 셈이죠. 하지만 이제 데이트를 시작하게 됐어요. 이 모든 게 제게는 아주 새로운 경험이랍니다.

정답 1c2c3a

○ in the midst of 한창 ~ 중인   Jehovah's Witness 여호와의 증인

듣고 받아써보자

답안을 커닝하면 아무런 학습효과도 볼 수 없습니다. 답안을 가리고 받아쓰기에 임하세요.

1. Tom, _____ comedy?

2. I think that being funny is something _____ .

3. Okay, and _____ selecting a script?

4. These things all add up _____ .

5. Tiger, _____ which tournaments to play?

6. But it also _____ the majors, and
   _____ for the majors.

7. But do you _____ what's happening?

8. But now I can say _____ .

9. Do you _____ ?

10. So those were the only two people _____ .

정답 1 what makes it so hard to do 2 that you are born with 3 how do you go about
4 to help me decide on a script 5 how do you decide 6 has a lot to do with, gearing up
7 ever stop to think about 8 I've gotten used to it 9 go out on dates 10 I've ever really
been with

바꿔 말해보자

한글 문장들을 영어로 바꿔 말해보세요. 혹시 잘 모르겠어도 일단 용감하게 도전해보세요.

1. 그런데 혹시 당신에게 일어나는 일들을 가만히 생각해본 적이 있는지요?
2. 하지만 이제 데이트를 시작하게 됐고, 이 모든 게 제게는 아주 새로운 경험이랍니다.
3. 타이거, 당신은 어떤 기준으로 출전 경기를 선택하나요?
4. 나는 유머 감각은 타고나는 거라고 생각해요.
5. 당신은 데이트하고 있나요?
6. 톰, 코미디 연기가 어려운 이유가 뭘까요?
7. 알겠습니다, 그럼 대본 선정은 어떤 식으로 하는지요?
8. 이런 질문들을 모두 고려하여 대본을 선택합니다.

정답 1 But do you ever stop to think about what's happening? 2 But now that I am beginning to date and it is a very new experience for me. 3 Tiger, how do you decide which tournaments to play? 4 I think that being funny is something that you are born with. 5 Do you go out on dates? 6 Tom, what makes it so hard to do comedy? 7 Okay, and how do you go about selecting a script? 8 These things all add up to help me decide on a script.

1. 듣고 풀자

청취 지문은 절대로 커닝하지 말고 시험 보는 학생의 마음으로 진지하게 풀어보세요.

1) 제타 존스가 가장 중요하게 여기는 것은?

    a 가족의 강한 결속력

    b 배우로서의 경력

    c 동료와의 관계

    d 유명인사로서의 사회적 역할

2 Where did Catherine Zeta Jones meet her husband?

    a At a hotel

    b At a film festival

    c At a premiere

    d At a film studio

    premiere 첫 공연, 시사회

3) How does Catherine feel about juggling work and family?

    a She feels that she is doing it very well.

    b She feels work is not as important as family.

    c She feels it is difficult but she's learning it step by step.

    d She feels her husband has been a great support for her.

1. 다시 듣고 해석해보자

지문을 눈으로 읽어 내려가며 다시 한 번 집중해서 들어보세요.

Interviewer	We have with us a beautiful lady, Mrs. Douglas. Catherine Zeta Jones! How did you meet your husband?
Zeta Jones	We met in 1996 at the Deauville Film Festival. I had been told that Michael Douglas wanted to meet me. I was a little nervous because I didn't quite know what he wanted to meet me about.
Interviewer	Are you an actor or a mother?
Zeta Jones	I'm a wife. I think it's very important that our family unit is solid, and from there you can go anywhere. I really think that juggling anything, it's always very difficult, for everybody. And I just try and take it a step at a time and learn along the way.

기자	오늘은 아름다운 여인 더글러스 부인을 모시겠습니다. 캐서린 제타 존스! 어떻게 해서 지금의 남편을 만나게 되셨는지요?
제타 존스	우린 1996년에 도빌 영화제에서 처음 만났어요. 마이클 더글러스 씨가 절 만나고 싶어 한다는 이야기를 들었죠. 약간 긴장이 되더라고요. 왜냐면, 그가 무엇 때문에 저를 만나고 싶어 하는지 알 수 없었거든요.
기자	당신은 영화배우인가요, 아니면 엄마인가요?
제타 존스	전 아내예요. 저는 우리 가족의 강한 결속력을 무엇보다도 중요하게 여기고 있어요. 거기서 모든 것이 출발하는 거죠. 어떤 것이든 모든 것을 동시에 적절히 해낸다는 게 누구에게나, 언제나 어려운 일이라고 생각해요. 전 그저 한 단계씩 해나가려고 노력하고 있고, 그러면서 배워 가는 거죠.

정답 1a2b3c

○ family unit 가족 단위   juggle 활동을 조율하다, 공을 여러 개 공중에서 돌리다

2. 듣고 풀자

청취 지문은 절대로 커닝하지 말고 시험 보는 학생의 마음으로 진지하게 풀어보세요.

1) 다음 중 사실이 아닌 것은?

a   윈프리가 가장 소중히 여기는 물건은 일기이다.

b   윈프리는 열다섯 살 때부터 일기를 썼다.

c   윈프리는 볼티모어에서의 삶을 기억하지 못한다.

d   윈프리는 본인의 감정을 분류하는 일을 해왔다.

2) How have her journals helped Oprah Winfrey?

a   She used the materials in her journals to write a book.

b   They were sold for a lot of money.

c   She was able to look back on her life in a way others couldn't.

d   It helped her to pass the time when she was bored.

▲ look back on 회상하다

3) According to Oprah Winfrey how do you achieve great things in your life?

a   By getting a good education and a good job

b   Rejecting anyone or anything from controlling your life

c   To become a religious person and to pray regularly

d   Submitting to the bigger forces around you

▲ submit 순종하다

2. 다시 듣고 해석해보자

지문을 눈으로 읽어 내려가며 다시 한 번 집중해서 들어보세요.

Interviewer Oprah Winfrey, what is your most valuable possession?

Winfrey It would have to be my journals. I had journals since I was 15 years old. All of my frustrations, all of the years of trying to figure out stuff for myself, and so I have been able to look at my life in a way that I guess a lot of people haven't, because I have cataloged it, you know, my feelings about various things.

Interviewer By the way, were you confident in yourself that you were going to make it?

Winfrey If you are willing to submit yourself to align with whatever that is, whatever that dream or vision is for yourself and then you can do great things in your life.

기자 오프라 윈프리 씨, 가지고 있는 물건 중 가장 소중히 여기는 게 뭔가요?

윈프리 아마 일기이지 싶은데요. 전 열다섯 살 때부터 일기를 써왔죠. 제 모든 좌절의 기억들, 제가 스스로 찾아내려 노력했던 시간의 기억들이 고스란히 남아 있어요. 그래서 전 많은 사람들이 하지 못했던 방식으로 제 삶을 바라볼 수 있었어요. 제가 여러 일들에 대한 제 감정들을 따로따로 분류해왔기에 가능한 일이었죠.

기자 그건 그렇고, 본인이 이루고 싶어 하는 일은 반드시 해낼 수 있다는 자신이 있으신지요?

윈프리 앞으로 닥칠 일, 혹은 당신의 꿈이나 비전을 이 힘이 끌어나가는 방향에 기꺼이 맞춰갈 수만 있다면, 인생에서 대단한 일을 해낼 수 있다고 생각해요.

정답 1c2c3d

○ align ~에 같은 태도를 취하다

3. 듣고 풀자

청취 지문은 절대로 커닝하지 말고 시험 보는 학생의 마음으로 진지하게 풀어보세요.

1) 벤투라가 파월 장군에 대해 언급한 것이 아닌 것은?

　a　그에 대해 존경심을 갖고 있다.

　b　그가 장관이 됐을 때 매우 기뻤다.

　c　그의 대선 출마를 지지했던 적이 있다.

　d　그는 매우 일을 잘하고 있다.

2) Jesse Ventura had been all of the following EXCEPT ＿＿＿＿＿＿＿.

　a　professional wrestler

　b　governor

　c　part of the Bush administration

　d　soldier

▲　administration 행정(부)

3) How does Jesse Ventura feel about politics?

　a　It is a very lethal sport.

　b　He was born to be a politician.

　c　Treachery is common in politics.

　d　Wrestling can be a dirty game.

▲　lethal 치명적인　　treachery 배반, 배신

3. 다시 듣고 해석해보자

지문을 눈으로 읽어 내려가며 다시 한 번 집중해서 들어보세요.

Interviewer	Tonight we have former Navy SEAL, professional wrestler and now governor of Minnesota, Jesse Ventura. How do you feel about the Bush administration?
Ventura	I have the utmost respect for General Powell. It really excited me when President Bush chose him for the Secretary of State position. In fact I supported him to run for President. I think Rumsfeld is doing a decent job, they certainly have the experience.
Interviewer	What do you think about politics?
Ventura	It's the dirtiest game I've ever been in. It's worse than wrestling. You get back stabbed here more quickly than you can blink an eye.

기자	오늘 밤 저희는 전 미 해군 특수부대 출신이자, 전문 레슬러를 거쳐 지금은 미네소타 주의 주지사인 제시 벤투라 씨를 모시고 이야기를 나누겠습니다. 부시 행정부에 대해 어떻게 생각하십니까?
벤투라	저는 파월 장군님에 대해 최고의 존경심을 가지고 있습니다. 부시 대통령께서 그를 국무부 장관의 자리에 임명했을 때 저는 정말 기분이 좋았습니다. 사실 저는 파월 장관의 대선 출마를 지지했던 적도 있어요. 럼스펠드 장관도 일을 괜찮게 하고 있다고 생각합니다. 경험이 있는 분들이니까요.
기자	정치에 대해선 어떻게 생각하시나요?
벤투라	제가 겪어본 것 중 가장 지저분한 일인 것 같아요. 레슬링보다 더 심하죠. 눈 깜빡할 사이에 배신을 당하기 일쑤죠.

정답 1d2c3c

○ SEAL Sea, Air, Land.의 약어로 미군 특수부대를 지칭   utmost 최대의, 극도의
backstab 남을 배신하다, 남에게 중상을 입히다

듣고 받아써보자

답안을 커닝하면 아무런 학습효과도 볼 수 없습니다. 답안을 가리고 받아쓰기에 임하세요.

1. I was a little nervous because I didn't quite know
   _____ .

2. I think it's very important that _____ ,
   and from there you can go anywhere.

3. I really think that juggling anything, _____ ,
   career, wife, family member, friends, _____ ,
   for everybody.

4. And I just try and _____ and
   learn along the way.

5. Oprah Winfrey, _____ ?

6. By the way were you confident in yourself that
   _____ ?

7. I _____ General Powell.

8. In fact I _____ .

9. It's the dirtiest game _____ .

10. You _____ more quickly than you can blink an
    eye.

정답 1 what he wanted to meet me about 2 our family unit is solid 3 whether it is raising a child, it's always very difficult 4 take it a step at a time 5 what is your most valuable possession 6 you were going to make it 7 have the utmost respect for 8 supported him to run for President 9 I've ever been in 10 get back stabbed here

바꿔 말해보자

한글 문장들을 영어로 바꿔 말해보세요. 혹시 잘 모르겠어도 일단 용감하게 도전해보세요.

1. 저는 우리 가족의 강한 결속력을 무엇보다도 중요하게 여기고 있고, 거기서 모든 것이 출발하는 거죠.

2. 저는 파월 장군님에 대한 최고의 존경심을 가지고 있습니다.

3. 저는 약간 긴장이 되더라고요, 왜냐면 그가 무엇 때문에 저를 만나고 싶어 하는지 알 수 없었거든요.

4. 눈 깜짝할 사이에 배신을 당할 수도 있습니다.

5. 제가 겪어본 것 중 가장 지저분한 일인 것 같아요.

6. 그건 그렇고, 본인이 이루고 싶어 하는 일은 반드시 해낼 수 있다는 자신이 있나요?

7. 오프라 윈프리 씨, 가지고 있는 물건 중 가장 소중히 여기는 게 뭔가요?

8. 전 그저 한 단계씩 해나가려고 노력하고 있고, 그러면서 배워 가는 거죠.

정답 1 I think it's very important that our family unit is solid, and from there you can go anywhere. 2 I have the utmost respect for General Powell. 3 I was a little nervous because I didn't quite know what he wanted to meet me about. 4 You get back stabbed here more quickly than you can blink an eye. 5 It's the dirtiest game I've ever been in. 6 By the way, were you confident in yourself that you were going to make it? 7 Oprah Winfrey, what is your most valuable possession? 8 I just try and take it a step at a time and learn along the way.

1. 듣고 풀자

청취 지문은 절대로 커닝하지 말고 시험 보는 학생의 마음으로 진지하게 풀어보세요.

1) 다음 중 사실이 아닌 것은?

a   코니는 시청자들이 뉴스를 볼 때 CNN을 선호한다고 생각한다.

b   코니는 1969년에 저널리즘 분야에서 일을 시작했다.

c   코니는 여성과 소수 민족을 위해 앞으로 해야 할 일을 잘 알고 있다.

d   코니는 여성과 소수 민족과 관련된 일은 모두가 해결할 일이라고
여긴다.

2) Why did Connie switch from ABC to CNN?

a   CNN was going to pay her more money.

b   ABC was going to cancel her show.

c   She was dreaming of choosing her audience.

d   She wanted to work in an all news network.

▲   ABC America Broadcasting Company(미국 방송 회사)
[cf] CNN Cable News Network

3) What does Connie Chung say about journalism?

a   It is a high paying job.

b   It is a profession dominated by men.

c   There are many minorities and women journalists.

d   You need determination to become a good journalist.

1. 다시 듣고 해석해보자

지문을 눈으로 읽어 내려가며 다시 한 번 집중해서 들어보세요.

Interviewer	Connie Chung, one of America's most famous journalists. Why did you switch from ABC to CNN?
Chung	Well it's every reporters' dream to work in an all news network. If viewers want news, they always come to CNN and that's where I wanted to be.
Interviewer	What was it like working in this field as a minority?
Chung	When I started out in 1969 there were very few of us on TV. It is clearly a male-dominated profession and women and minorities are largely left out with the exception of a few. But it's just something that we all have to work on.

기자	미국에서 가장 유명한 기자 중 한 사람인 코니 청 씨를 모십니다. ABC에서 CNN으로 자리를 옮기신 이유가 궁금합니다.
청	글쎄요, 종일 뉴스 방송을 하는 네트워크에서 일하는 건 모든 기자들의 소원이죠. 시청자들은 뉴스를 보고 싶을 땐 언제나 CNN을 찾습니다. 이게 바로 제가 원했던 거예요.
기자	(여성이라는) 약자로서 이 분야에서 일하는 것이 어땠나요?
청	제가 1969년 처음 시작했을 때, TV에서 저와 같은 여성들을 찾아보기는 극히 힘들었죠. 지극히 남성 우위의 직업이고, 여성을 비롯한 사회적 약자 그룹들은 아주 적은 소수 말고는 대부분이 제외되고 있지요. 하지만 이는 우리 모두가 해결해야 할 일이라고 봅니다.

정답 1c2d3b

○ minority 수적으로 적은 성별, 민족별, 연령별 그룹, 사회적 약자
　ethnicity 민족성, 출신 민족

2. 듣고 풀자

청취 지문은 절대로 커닝하지 말고 시험 보는 학생의 마음으로 진지하게 풀어보세요.

1) 다음 중 인터뷰에서 언급된 트럼프의 조언이 아닌 것은?

a 남과 다른 생각을 해라.

b 승자처럼 행동해라.

c 자신의 일을 즐겨라.

d 어려움이 있어도 포기하지 마라.

2) **What did Donald Trump say about the secret of his success?**

a He never lost faith in himself.

b He was surrounded by able employees.

c He made a lot of money from a TV show.

d He entered the television business.

🔺 lose faith 믿음을 잃다

3) **According to Donald Trump how do you think like a billionaire?**

a First you would have to earn a million dollars.

b You must go into the construction business.

c You have to think and act like a winner.

d You must know when to give up.

2. 다시 듣고 해석해보자

지문을 눈으로 읽어 내려가며 다시 한 번 집중해서 들어보세요.

Interviewer	Donald Trump is back in the limelight in a big way. How do you always seem to be able to bounce back?
Trump	I guess I never lost faith in myself. You are bound to have good times and bad times.
Interviewer	And the title of your book, *Think Like a Billionaire*, what does it mean?
Trump	What it means is that successful people tend to be winners. They think and act like one. You have to enjoy what you do. If you don't enjoy what you do, it's never going to work. Also if there's a wall in front of you, you have to go through it. You can never, ever give up.

기자	도널드 트럼프 씨가 다시금 크게 주목 받고 있습니다. 항상 침체 국면을 맞았다 다시 살아나곤 하는데, 어떻게 이런 일이 가능한 거죠?
트럼프	제 자신에 대한 믿음을 잃지 않는 것이 그 이유이지 않을까 싶습니다. 누구나 좋은 시절과 나쁜 시절을 겪는 법이죠.
기자	그럼 저서의 제목인 《억만장자처럼 생각하라》는 어떤 의미를 담고 있는지요?
트럼프	성공적인 사람이 승자가 되는 경향이 있다는 것이죠. 이들은 승자처럼 생각하고 행동해요. 자신이 하는 일을 즐겨야 한다는 겁니다. 자신이 하는 일을 즐기지 못한다면, 절대로 일이 풀리지 않아요. 또한, 당신 앞에 어떤 벽이 가로막고 있다면, 그걸 넘어설 수 있어야 해요. 어떤 일이 있어도 절대 포기해선 안 되죠.

정답 1a2a3c

○ limelight 주목의 대상   bounce back 곧 회복하다

3. 듣고 풀자

청취 지문은 절대로 커닝하지 말고 시험 보는 학생의 마음으로 진지하게 풀어보세요.

1) 오바마 여사가 지역사회 사람들에게 바라는 것은?

   a   봉사활동에 동참하기

   b   선거운동에 동참하기

   c   캠페인에 동참하기

   d   환경보호에 동참하기

2) Why did Michelle Obama initiate the ⟨Let's Move!⟩ campaign?

   a   She read a statistic about childhood obesity.

   b   A friend told her about the childhood obesity epidemic.

   c   Her children started to become obese.

   d   She doesn't like people who don't exercise.

🔺 initiate 시작하다, 창시하다   statistic 통계, 통계자료   obese 비만인

3) When does Michelle Obama hope to solve childhood obesity by?

   a   by 1985

   b   by 2020

   c   by 2030

   d   by 2045

3. 다시 듣고 해석해보자

지문을 눈으로 읽어 내려가며 다시 한 번 집중해서 들어보세요.

Interviewer Hello, and welcome to tonight's show with First Lady Michelle Obama. Mrs. Obama, let's talk about your 〈Let's Move!〉 campaign. What first made you start it?

Mrs. Obama A friend told me that childhood obesity in the U.S. has tripled in the last 30 years. I realized that this is a serious epidemic, and it's really become my defining mission as First Lady.

Interviewer What is your ultimate goal for the campaign?

Mrs. Obama We want to involve everyone in a community in the fight against childhood obesity. That includes parents, grandparents, teachers, coaches, community leaders, and more. With luck, we'll have the problem solved within a generation.

기자 안녕하세요, 오늘은 영부인이신 미셸 오바마 여사와 함께 하겠습니다. 오바마 여사님, 여사님의 〈렛츠 무브!〉 캠페인에 대해 이야기 나누어보겠습니다. 이 캠페인을 처음에 왜 시작하시게 됐나요?

오바마 지난 30년간 미국의 아동 비만이 세 배나 증가했다고 제 친구가 전해 주더군요. 이게 심각한 전염병처럼 퍼져나가고 있다는 걸 깨닫고는 영부인으로서 제가 해야 할 일이 된 거죠.

기자 캠페인의 최종 목표는 뭔가요?

오바마 저흰 지역 사회의 모든 사람들이 참여해 아동 비만과 맞서 싸워주길 바라고 있어요. 부모님, 조부모님, 선생님, 코치 선생님, 지역사회 지도자 등등 모든 분들이 말이죠. 운이 좋다면, 한 세대 내에 이 문제를 해결할 수 있을 겁니다.

정답 1c2b3d

224 3030 English 듣기 4탄

듣고 받아써보자

답안을 커닝하면 아무런 학습효과도 볼 수 없습니다. 답안을 가리고 받아쓰기에 임하세요.

1. Why did you _____?

2. What was it like _____?

3. It is clearly a male-dominated profession and women and minorities are largely left out _____.

4. Donald Trump is _____.

5. How do you always _____?

6. I guess I _____.

7. Also if there's a wall in front of you, you _____.

8. Mrs. Obama, let's talk about your ⟨Let's Move!⟩ campaign. _____?

9. I realized that _____, and it's _____ as First Lady.

10. We want to involve everyone in a community _____.

정답 1 switch from ABC to CNN 2 working in this field as a minority 3 with the exception of a few 4 back in the limelight in a big way 5 seem to be able to bounce back 6 never lost faith in myself 7 have to go through it 8 What first made you start it 9 this is a serious epidemic, really become my defining mission 10 in the fight against childhood obesity

바꿔 말해보자

한글 문장들을 영어로 바꿔 말해보세요. 혹시 잘 모르겠어도 일단 용감하게 도전해보세요.

1. 당신은 왜 ABC에서 CNN으로 자리를 옮기셨나요?

2. 그것은 지극히 남성 우위적이고 여성을 비롯한 사회적 약자 그룹들은 아주 적은 소수 말고는 대부분이 제외되고 있지요.

3. 도널드 트럼프 씨가 다시금 크게 주목 받고 있습니다.

4. 또한, 당신 앞에 어떤 벽이 가로막고 있다면, 그걸 넘어서야 해요.

5. 약자로서 이 분야에서 일하는 것이 어땠나요?

6. 항상 다시 살아나곤 하는데, 어떻게 이런 일이 가능한 거죠?

7. 하지만 이는 우리 모두가 해결해야 할 일이라고 봅니다.

8. 제 자신에 대한 믿음을 잃지 않는 것이 그 이유이지 않을까 싶습니다.

정답 1 Why did you switch from ABC to CNN? 2 It is clearly a male-dominated profession and women and minorities are largely left out with the exception of a few. 3 Donald Trump is back in the limelight in a big way. 4 Also if there's a wall in front of you, you have to go through it. 5 What was it like working in this field as a minority? 6 How do you always seem to be able to bounce back? 7 But it's just something that we all have to work on. 8 I guess I never lost faith in myself.

226   3030 English 듣기 4탄

Section 5
Others

이제 마무리 단계입니다.
여기까지 힘든 고비를 많이 넘겼을 테니
남은 주제들은 아무것도 아니라고 느껴질지도 모르겠군요.
끝까지 힘내서 들어보세요.

넓게 듣기 vs 깊게 듣기

귀 뚫기의 마지막 장에 이르렀다. 이제부터는 정보와 재미가 가득한 온·오프라인의 온갖 리스닝거리를 직접 찾아다니기를 바라며 마지막으로 일러두고 싶은 것이 있다.

extensive listeningr과 intensive listening을 병행하라!

이것은 리스닝(리딩도 마찬가지)의 두 가지 방법이다.

한 가지씩 짧은 내용을 집중적으로 들어서 소리와 의미를 거의 외울 정도로 듣는 것이 intensive listening이고, 토익 등에 잘 나오는 일상대화, 뉴스, 영화, 토플에 잘 나오는 교수와 학생의 대화 등 다양한 주제를 다양한 목소리로 되도록 많은 분량을 듣는 것이 extensive listening이다.

intensive listening은 받아쓰기dictation와 따라 말하기shadowing로 실천할 수 있다. extensive listening은 듣는 내용을 완벽하게 소화하지 않고, 귀에 익숙하게 듣고 의미를 이해하고 넘어가는 정도로만 하면서, 다양한 토픽을 듣는 시간과 양을 늘리는 데 초점을 두는 방법이다.

단, 섣불리 영어 뉴스 채널을 틀어놓고 다른 일을 하면서 귀가 트이기를 기대하는 것은 시간 낭비이다. 최소한 주의를 집중해야 한다.

그리고 반드시 스크립트가 있는 내용을 듣고, 마지막에는 제대로 들었는지 놓친 곳은 없는지 스크립트를 확인하는 과정이 수반되어야 한다.

1. 듣고 풀자

청취 지문은 절대로 커닝하지 말고 시험 보는 학생의 마음으로 진지하게 풀어보세요.

1) 이 뉴스의 주제는?

a 에너지의 고갈
b 생태계의 위기
c 수산업의 몰락
d 우주 시대 개막

2) What is going to happen to our fish supply in the future?

a The ocean is going to become an abundant source of fish.
b There will be a special zone to rear fish.
c There will not be enough fish to meet the demand.
d Man will increase the supply of fish through technology.

▲ abundant 풍부한

3) Why are 15 eco-systems on our planet facing a serious threat?

a There is a lack of fresh water supply.
b The United Nations ignored the conditions of these systems.
c Mankind's demands on these ecosystems are taking their toll.
d Earth is about to undergo a severe climatic change.

▲ mankind 인류   toll 대가, 희생   ecosystem 생태계
climatic 기후상의, 풍토적인

1. 다시 듣고 해석해보자

지문을 눈으로 읽어 내려가며 다시 한 번 집중해서 들어보세요.

The UN says the planet is in trouble and desperately needs help. Sources of fish and fresh water are so overexploited they can no longer sustain current or future demand. The ocean is just one of the 24 ecosystems vital for life on earth that has been severely damaged by man's demands. 15 of these ecosystems are currently under serious threat demanding a reconsideration of our attitude towards our planet. If improvements are not made serious ecological and environmental problems will occur in the near future.

UN은 지구가 난관을 겪고 있으며 절실하게 도움을 필요로 한다고 밝혔습니다. 어족 자원과 수자원이 남획된 나머지 현재의 수요와 향후의 수요 모두 감당하지 못할 지경에 이르렀습니다. 인간의 수요로 인해 심각한 타격을 입은 바다 역시 지구상에서 생존에 꼭 필요한 24개의 생태계 중 하나입니다. 이 중 15개의 생태계는 현재도 심각한 위협에 처해 있으며, 따라서 지구에 대한 우리의 자세를 다시 돌아봐야 합니다. 개선이 이루어지지 않으면 가까운 미래에 심각한 생태학적, 환경적 문제가 발생할 것입니다.

1b2c3c

- overexploit (자원을) 지나치게 개발하다   sustain ~을 유지하다, ~을 지속하다
  vital 생명 유지에 필요한, 중요한   environmental 주위의, 환경의

3030 English 듣기 4탄

2. 듣고 풀자

청취 지문은 절대로 커닝하지 말고 시험 보는 학생의 마음으로 진지하게 풀어보세요.

1) 새로 발견된 행성에 대해 언급된 것이 아닌 것은?

    a   현재까지 발견된 행성 중 지구와 가장 유사하다.

    b   목성보다 크기가 작다.

    c   다른 행성에도 생명체가 존재할 수 있다는 이론에 희망적이다.

    d   행성으로의 이동은 진보된 기술이 요구된다.

2) What kind of mission were the scientists on?

    a   They wanted to study the atmosphere of Jupiter.

    b   They were trying to map the solar system.

    c   They attempted to send an astronaut beyond the solar system.

    d   They were looking for a planet similar to Earth.

> atmosphere 대기, 분위기   similar to ~와 유사한, 비슷한
> map ~의 지도를 만들다

3) What did the scientists find out about
the 135 planets outside the solar system?

    a   They were too far away to send a space shuttle.

    b   They were close to the planet Jupiter.

    c   They had parallel conditions to Earth.

    d   They were made of gases.

> parallel 유사한

Others   231

지문을 눈으로 읽어 내려가며 다시 한 번 집중해서 들어보세요.

U.S. astronomers have discovered 2 new planets that are more similar to Earth than any other planets previously discovered. Scientists have been on a mission to find a planet with parallel conditions to Earth, one that is about the right temperature and the right size. So far they have found 135 planets outside of our solar system, but they've all been large, about the size of Jupiter, and not solid, but made of gases. This new discovery has given hope to the theory that life exists in other planets. However, it will still take a lot more technological advancement to actually travel to these planets.

미국의 천문학자들이 지금까지 발견한 그 어떤 행성보다 지구와 유사한 2개의 새 행성을 발견했습니다. 과학자들은 기온과 규모 측면에서 지구의 조건과 대등한 행성을 찾는 임무를 맡아왔습니다. 지금까지 태양계 외부의 행성 135개를 찾았지만 모두 목성만 한 크기에 표면이 단단하지 못하고 가스로 이루어져 있었습니다. 이번의 새 발견 덕분에 다른 행성에도 생명체가 존재한다는 이론에 힘이 실리게 되었습니다. 하지만 이들 행성으로 실제 왕래하려면 훨씬 많은 기술적인 진보가 필요할 것입니다.

정답 1b2d3d

○ solar system 태양계   advancement 전진, 진보, 발달

3. 듣고 풀자

청취 지문은 절대로 커닝하지 말고 시험 보는 학생의 마음으로 진지하게 풀어보세요.

1) 고객을 끌어들이기 위한 방법으로 경영진이 선택한 것은?

a   새로운 TV 광고 제작

b   사은품 증정

c   기존 메뉴 변화

d   할인 적용 시간 확대

2) What is the reason given in the passage for the increase in profits for McDonald's?

a   Friendly service

b   Cheaper prices

c   Delicious bargains

d   A salad menu

▲   bargain 싸게 산 물건, 특가품

3) How did the public perceive McDonald's in the past?

a   An unhygienic restaurant

b   A place serving unhealthy food

c   A cheap and affordable restaurant

d   A place to bring the kids

▲   unhygienic 비위생적인   affordable 줄 수 있는, 입수 가능한, 알맞은

지문을 눈으로 읽어 내려가며 다시 한 번 집중해서 들어보세요.

McDonald's has recently seen its business turn around; profits in the last quarter were up by 25%. One of the reasons for this improvement is because it's adding salad to its food choices as it bids to create a healthier image for kids and adults alike. Brand experts are confident that the company's healthy food drive will bring about a change to how people perceive the restaurant. This global fastfood chain had seen their profits drop in most of their stores worldwide. Company executives hope that a change in their traditional menu will draw back the customers.

맥도날드가 최근 회복세를 맞고 있습니다. 지난 분기 수익이 25% 상승한 것입니다. 이 같은 호전세의 한 가지 이유는 아이들은 물론 어른들의 건강에도 좋다는 이미지를 주고자 메뉴에 샐러드를 추가했기 때문입니다. 브랜드 전문가들은 맥도날드의 '몸에 좋은 음식' 운동으로 사람들이 이 업체를 바라보는 시각에 변화가 일어날 것이라고 확신합니다. 과거에는 이 다국적 패스트푸드 체인이 전 세계 대부분의 점포에서 수익 감소를 겪은 바 있습니다. 경영진은 기존 메뉴의 변화를 통해 다시 고객들을 끌어들일 수 있기를 기대하고 있습니다.

정답 1c2d3b

○ turn around 호전시키다, 회복시키다   bring about 초래하다, 일으키다
bid ~하고자 노력(시도)하다, 노력, 입찰   perceive 인식하다
draw back 다시 끌어당기다, 물러서다, (돈을) 환급받다

답안을 커닝하면 아무런 학습효과도 볼 수 없습니다. 답안을 가리고 받아쓰기에 임하세요.

1. The UN says _____ and desperately needs help.

2. Sources of fish and fresh water are so overexploited _____ current or future demand.

3. The ocean is just one of the 24 ecosystems vital for life on earth that _____ .

4. _____ serious ecological and environmental problems will occur in the near future.

5. U.S. astronomers have discovered 2 new planets that are more similar to Earth _____ .

6. Scientists _____ with parallel conditions to Earth, one that is about the right temperature and the right size.

7. This new discovery has given hope to the theory that _____ .

8. However, it _____ to actually travel to these planets.

9. One of the reasons for this improvement is because it's adding salad to its food choices _____ for kids and adults alike.

10. Brand experts are confident that the company's healthy food drive will bring about a change to _____ .

정답 **1** the planet is in trouble **2** they can no longer sustain **3** has been severely damaged by man's demands **4** If improvements are not made **5** than any other planets previously discovered **6** have been on a mission to find a planet **7** life exists in other planets **8** will still take a lot more technological advancement **9** as it bids to create a healthier image **10** how people perceive the restaurant

바꿔 말해보자

한글 문장들을 영어로 바꿔 말해보세요. 혹시 잘 모르겠어도 일단 용감하게 도전해보세요.

1. 개선이 이루어지지 않으면 가까운 미래에 심각한 생태학적, 환경적 문제가 발생할 것입니다.

2. 과학자들은 기온과 규모 측면에서 지구의 조건과 대등한 행성을 찾는 임무를 맡아왔습니다.

3. 미국의 천문학자들이 지금까지 발견한 그 어떤 행성보다 지구와 유사한 새 행성을 2개 발견했습니다.

4. 어족 자원과 수자원이 남획된 나머지 현재의 수요와 향후의 수요 모두 감당하지 못할 지경에 이르렀습니다.

5. 이번의 새 발견 덕분에 다른 행성에도 생명체가 존재한다는 이론에 힘이 실리게 되었습니다.

6. 경영진은 기존 메뉴의 변화를 통해 고객들을 다시 끌어들일 수 있기를 기대하고 있습니다.

7. UN은 지구가 절실하게 도움을 필요로 한다고 밝혔습니다.

8. 하지만 이들 행성으로 실제 왕래하려면 훨씬 많은 기술적인 진보가 필요합니다.

정답 1 If improvements are not made serious ecological and environmental problems will occur in the near future. 2 Scientists have been on a mission to find a planet with parallel conditions to Earth, one that is about the right temperature and the right size. 3 U.S. astronomers have discovered 2 new planets that are more similar to Earth than any other planets previously discovered. 4 Sources of fish and fresh water are so overexploited they can no longer sustain current or future demand. 5 This new discovery has given hope to the theory that life exists in other planets. 6 Company executives hope that a change in their traditional menu will draw back the customers. 7 The UN says the planet desperately needs help. 8 However, it will still take a lot more technological advancement to actually travel to these planets.

1. 듣고 풀자

DAY-28

청취 지문은 절대로 커닝하지 말고 시험 보는 학생의 마음으로 진지하게 풀어보세요.

1) 다음 중 사실이 아닌 것은?

a 목요일 밤 〈프렌즈〉의 최종회가 방영된다.

b 4천만에서 5천만 명이 최종회를 시청할 것으로 예상된다.

c 광고주는 짧은 시간을 통해 제품이 최대한 관심 받기를 원한다.

d 〈프렌즈〉의 최대 수혜자는 광고주이다.

2) What did companies want from NBC?

a Companies wanted NBC to cancel the ending of the sitcom *Friends*.

b They wanted to sue NBC for cheating their clients.

c Companies wanted to advertise during the last episode of *Friends*.

d They wanted to earn incredible profits.

▲ NBC National Broadcasting Company   cheat 기만하다, 속이다, 사기치다

3) Why did a 30 second spot cost 2million dollars?

a Companies were making a lot of profit.

b There were a lot of people tuning in during that spot.

c It was the common market price.

d This was the normal price for Friends commercials.

▲ tune in 채널을 고정시키다   commercial 광고

1. 다시 듣고 해석해보자

지문을 눈으로 읽어 내려가며 다시 한 번 집중해서 들어보세요.

The ever popular television comedy *Friends* airs its last episode Thursday night in the United States. The U.S. network NBC earned incredible profits as companies shell out big dollars for advertising time. In fact, a 30-second spot went for 2 million dollars. Why? 40~50 million people are expected to tune in to the finale tonight. With this kind of exposure advertisers can hope for their products to gain maximum coverage in the shortest time span. And who else profits from such popularity of the sitcom? Of course the cast of *Friends* themselves!

그동안 많은 인기를 끌었던 텔레비전 코미디 〈프렌즈〉의 최종회가 목요일 밤 미국에서 방영됩니다. 미국의 방송사 NBC는 기업들에게 광고 시간을 판매하여 막대한 수익을 거둬들였습니다. 실제로 30초짜리 스폿 광고가 자그마치 2백만 달러에 팔렸습니다. 그 이유가 뭘까요? 4천만, 5천만 명의 시청자들이 오늘 밤 피날레를 시청할 것으로 예상되기 때문입니다. 이러한 종류의 노출을 통해, 광고주는 최단 시간 내에 자사 제품이 최대의 관심을 끌기를 바라고 있습니다. 그렇다면 이 같은 시트콤의 인기 덕을 보는 이들은 누구일까요? 물론 〈프렌즈〉 출연자 자신들입니다!

정답 1d2c3b

- air 방송하다   shell out (거액의) 돈을 지불하다
  exposure 노출, 폭로(여기서는 광고를 통한 회사나 제품의 노출을 뜻함)

2. 듣고 풀자

청취 지문은 절대로 커닝하지 말고 시험 보는 학생의 마음으로 진지하게 풀어보세요.

1) 전문가들이 이민자들에게 충고하는 것은?

   a 의료보험에 가입하라.

   b 투표권을 행사하라.

   c 시민권을 취득하라.

   d 지역사회 활동에 참여하라.

2) What happened to the Asian population in the last decade?

   a It increased by 4%.

   b It decreased by 4%.

   c It increased by almost 50%.

   d It decreased by almost 50%.

▲ population 인구

3) According to the passage, how can you get your voice heard by the government?

   a Immigrate to the United States of America.

   b Become a South Asian.

   c Vote during the election.

   d Exercise more frequently.

2. 다시 듣고 해석해보자

지문을 눈으로 읽어 내려가며 다시 한 번 집중해서 들어보세요.

Census Bureau says the Asian American population grew by nearly 50 percent in the last decade, making it the fastest growing segment and a little more than 4 percent of the total U.S. population. But South Asian immigrants are often overlooked. If you go to the polls your voice will be heard. Experts point out all immigrants should exercise their right to vote. However despite the country's claims to equal rights, pessimistic critics point out that minorities face a tough challenge to be heard in America.

통계청에서는 지난 10년 동안 아시아계 미국인 인구가 50퍼센트 가까이 증가하면서 가장 빠른 증가 속도를 보였으며, 미국 전체 인구의 4퍼센트를 약간 웃돈다고 밝혔습니다. 그러나 종종 남아시아 이민자들은 간과되고는 합니다. 투표에 참여하는 것이 자신의 의견을 표명하는 길입니다. 전문가들은 모든 이민자들이 투표권을 행사해야 한다고 지적합니다. 하지만 비관적인 비판론자들은 이 나라의 평등권 주장에도 불구하고 미국에서는 소수 민족들이 제 목소리를 내기가 어렵다고 지적합니다.

정답 1b2c3c

○ census bureau 인구 통계국   segment 부분, 구분
overlook ~을 못 보고 넘어가다   pessimistic 비관적인, 염세적인

3. 듣고 풀자

청취 지문은 절대로 커닝하지 말고 시험 보는 학생의 마음으로 진지하게 풀어보세요.

1) 스팸잼 소유주가 앞으로 기대하는 것은?

a   스팸 공장 설립

b   외국 기업과 파트너십 체결

c   레스토랑 체인의 확장

d   스팸 축제 개최

2) How was the SpamJam restaurant created?

a   The owner was inspired by the film SpaceJam.

b   The owner wished to capitalize on Spam's popularity.

c   The owner wanted to own his own restaurant.

d   The owner felt that Spam was cheap.

▲   inspire 고무하다   capitalize on ~을 (기회로) 이용하다

3) What can you infer from the passage?

a   SpamJam is going to be a bomb.

b   The owner of SpamJam is a good chef.

c   The public thinks SpamJam is a poor restaurant.

d   SpamJam is a very popular restaurant.

▲   bomb 실패

3. 다시 듣고 해석해보자

지문을 눈으로 읽어 내려가며 다시 한 번 집중해서 들어보세요.

The 'SpamJam' restaurant was born when a Filipino businessman decided to capitalize on the countries passion for Spam. In fact, 2.75 million pounds of it is consumed each year. Since its opening in December, the restaurant is serving 300 customers a day. The owner already has plans to open two more branches. The owner of SpamJam believes he can expand his chain of restaurants beyond the Philippines. Only time will tell if other countries are equally craving for this meat.

'스팸잼' 레스토랑은 한 필리핀 사업가가 이 나라의 스팸 열풍을 이용해보기로 결심하면서 탄생했습니다. 실제로 매년 275만 파운드의 스팸이 소비됩니다. 이 레스토랑은 12월에 개점한 이래 하루 약 300명의 고객을 받고 있습니다. 소유주는 이미 두 곳을 더 개점할 계획을 갖고 있습니다. 스팸잼의 소유주는 이 레스토랑 체인을 필리핀 외부로까지 확장할 수 있을 것이라고 믿습니다. 다른 국가들도 이 음식에 열광할지는 두고 봐야 할 것입니다.

정답 1c2b3d

○ passion 열정   branch 지점   craving 갈망하는, 열망하는

242 3030 English 듣기 4탄

듣고 받아써보자

답안을 커닝하면 아무런 학습효과도 볼 수 없습니다. 답안을 가리고 받아쓰기에 임하세요.

1. The ever popular television comedy Friends _____ Thursday night in the United States.

2. The U.S. network NBC earned incredible profits as companies _____ .

3. 40~50 million people _____ tonight.

4. With this kind of exposure advertisers can hope for their products to gain maximum coverage _____ .

5. But South Asian immigrants _____ .

6. If you go to the polls _____ .

7. Experts point out all immigrants _____ .

8. The 'SpamJam' restaurant was born when a Filipino businessman _____ on the countries passion for Spam.

9. Since its opening in December, the restaurant _____ .

10. The owner of SpamJam believes _____ beyond the Philippines.

1 airs its last episode 2 shell out big dollars for advertising time 3 are expected to tune in to the finale 4 in the shortest time span 5 are often overlooked 6 your voice will be heard 7 should exercise their right to vote 8 decided to capitalize 9 is serving 300 customers a day 10 he can expand his chain of restaurants

바꿔 말해보자

한글 문장들을 영어로 바꿔 말해보세요. 혹시 잘 모르겠어도 일단 용감하게 도전해보세요.

1. 그러나 종종 남아시아 이민자들이 간과되고는 합니다.

2. 다른 국가들도 이 음식에 열광할지는 두고 봐야 할 것입니다.

3. 스팸잼의 소유주는 이 레스토랑 체인을 필리핀 외부로까지
   확장할 수 있을 것이라고 믿습니다.

4. 그동안 많은 인기를 끌었던 텔레비전 코미디 〈프렌즈〉의 최종회가
   목요일 밤 미국에서 방영됩니다.

5. 미국의 방송사 NBC는 기업들에게 광고 시간을 판매하여
   막대한 수익을 거둬들였습니다.

6. '스팸잼' 레스토랑은 한 필리핀 사업가가 이 나라의 스팸 열풍을
   이용해보기로 결심하면서 탄생했습니다.

7. 전문가들은 모든 이민자들이 투표권을 행사해야 한다고 지적합니다.

8. 투표에 참여하는 것이 자신의 의견을 표명하는 길입니다.

정답 1 But South Asian immigrants are often overlooked. 2 Only time will tell if other countries are equally craving for this meat. 3 The owner of SpamJam believes he can expand his chain of restaurants beyond the Philippines. 4 The ever popular television comedy **Friends** airs its last episode Thursday night in the United States. 5 The U.S. network NBC earned incredible profits as companies shell out big dollars for advertising time. 6 The 'SpamJam' restaurant was born when a Filipino businessman decided to capitalize on the countries passion for Spam. 7 Experts point out all immigrants should exercise their right to vote. 8 If you go to the polls your voice will be heard.

1. 듣고 풀자

청취 지문은 절대로 커닝하지 말고 시험 보는 학생의 마음으로 진지하게 풀어보세요.

1) 이 뉴스의 주제는?

a   찰스 왕세자의 재혼
b   찰스 왕세자의 간통
c   찰스 왕세자의 《성공회 기도서》 낭독
d   찰스 왕세자의 아들들

2) How long did the couple have to wait before getting married?

a   15 years
b   25 years
c   35 years
d   45 years

3) What was the significance of reciting from the *Book of Common Prayer*?

a   It was just a customary procedure.
b   All royal weddings had to go through this ceremony.
c   The wedded couple was admitting to their previous act of adultery.
d   It signified the ending of the wedding ceremony.

▲   customary 관습의, 통상적인   adultery 간통, 불의
procedure 순서, 절차   signify 의미하다, 뜻하다, 알리다

1. 다시 듣고 해석해보자

지문을 눈으로 읽어 내려가며 다시 한 번 집중해서 들어보세요.

After 35 years of inconsistent romance filled with scandal and heartbreak, Prince Charles and his lover are finally married. In the wedding blessing, the couple recited a line of repentance from the *Book of Common Prayer*, a line many considered an acknowledgement of their prior adultery. During the humble ceremony, Prince Charles' sons took center stage as people wanted to witness how they would react to their father's marriage.

스캔들과 심적 고통으로 점철된 35년간의 불연속적인 로맨스 끝에, 찰스 왕세자와 그의 연인은 마침내 결혼했습니다. 결혼식에서 부부는 《성공회 기도서》에서 발췌한 참회의 문구를 낭독했는데, 이는 많은 이들에게 과거의 간통을 인정하는 것으로 여겨졌습니다. 검소한 의식이 진행되는 동안 찰스 왕세자의 아들들은 단 중앙에 자리했는데, 이는 아버지의 결혼에 대한 아들들의 반응이 어떨지 사람들이 보고 싶어 했기 때문이었습니다.

정답 1a2c3c

○ heartbreak 실연의 고통, 비탄, 심적 고뇌   recite ~을 낭송하다
repentance 회개, 후회
Book of Common Prayer 《성공회 기도서》(성공회의 예배, 성례, 의식 등에 관한 규정과 각종 기도문 등을 수록한 책)   humble 검소한, 비천한, 겸손한

2. 듣고 풀자

청취 지문은 절대로 커닝하지 말고 시험 보는 학생의 마음으로 진지하게 풀어보세요.

1) 쇼의 인기몰이 이유로 언급된 것은?

    a   출연진의 외모가 출중해서

    b   승자에게 주어지는 상금 액수가 커서

    c   타인의 실제 생활 대한 사람들의 관심이 높아서

    d   기존에 볼 수 없었던 획기적인 방송이어서

2) **All of the following are features of**
Academy Fantasia **EXCEPT** _____ .

    a   the audience can watch the contestants 24 hours a day

    b   the winner receives a house

    c   contestants live in a house with 60 cameras

    d   the show lasts for 9 weeks

contestant 시합 참가자

3) **Why didn't any contestant get voted off last week?**

    a   Not enough people voted on that episode.

    b   The computer system was hacked.

    c   The government forbade that episode from airing.

    d   Too many people tried voting and crashed the system.

hack 해킹하다   vote 투표, 투표권, 투표하다

지문을 눈으로 읽어 내려가며 다시 한 번 집중해서 들어보세요.

Academy Fantasia is Thailand's latest reality show. The 9-week long show has become the country's latest sensation. Viewers can watch the contestants 24 hours a day, as they live in a home equipped with 60 cameras. Organizers say too many viewers tried to vote on the system and eventually crashed it. This resulted in no contestants getting voted off that week. Some claim that the show is so popular because the public want to witness the reality of others similar to themselves.

〈아카데미 판타지아〉는 태국의 최신 리얼리티 쇼입니다. 9주에 걸쳐 방송된 이 쇼는 이제 이 나라의 화제가 되었습니다. 시청자는 60대의 카메라가 설치된 집에서 생활하는 경쟁자들을 24시간 볼 수 있습니다. 제작 관계자들은 투표에 참여하려는 사람들이 너무 많이 몰리는 바람에 시스템이 다운되기도 했다고 밝혔습니다. 덕분에 그 주에는 (투표를 거쳐) 탈락된 경쟁자가 없었습니다. 일각에서는 대중이 자신과 비슷한 타인의 실제 생활을 엿보는 것을 좋아하기 때문에 이 쇼가 그렇게 많은 인기를 얻는다고 주장합니다.

정답 1c2b3d

○ sensation 감동, 인기가 있는 것   contestant 경쟁자, 신청자
equip A with B A에 B를 설치하다   crash 컴퓨터, 시스템 등을 다운시키다,
고장 나다, 추락하다   similar to ~와 유사한, 비슷한

3. 듣고 풀자

청취 지문은 절대로 커닝하지 말고 시험 보는 학생의 마음으로 진지하게 풀어보세요.

1) 추가로 호텔을 건설할 경우 문제점으로 언급된 것은?

a 경쟁력 유지할 설비 부족

b 환경문제 유발

c 도심으로의 접근성 부족

d 지역주민과의 충돌

2) Why do the Olympic organizers want to build 200 more hotels?

a They think having fewer hotels is better than more hotels.

b They think having more hotels is better than fewer hotels.

c They feel that 600 hotels are already too many.

d They feel that the 600 hotels are of poor quality.

▲ quality 질, 품질, 특성

3) What are experts worried about?

a Experts are worried that the Olympic Games are almost here.

b Analysts are worried about the lack of rooms in Beijing.

c Experts are worried that after the games there will be an oversupply of rooms.

d Analysts feel that the global hotel industry will suffer a setback after the Olympics.

▲ setback 역행, 퇴보   analyst 분석자, 해설자

3. 다시 듣고 해석해보자

지문을 눈으로 읽어 내려가며 다시 한 번 집중해서 들어보세요.

Beijing already has 600 star-graded hotels, but Beijing Olympic organizers want to add 200 more in the next three years. They believe more is better than less. But market analysts wonder just how many rooms will remain occupied at the end of the 2008 Olympic Games. Furthermore, analysts are saying that many of these hotels lack the facility to remain competitive over the next decade. Beijing officials need to understand that other efforts need to be put into their tourism industry.

베이징에는 이미 600개에 이르는 일급 호텔이 있지만, 베이징 올림픽 조직위원회 측은 향후 3년 동안 200개를 추가로 건설하려 합니다. 이들은 부족한 것보다는 넘치는 것이 낫다고 믿습니다. 그러나 시장 전문가들은 2008년 올림픽이 끝날 즈음 얼마나 많은 방이 나갈 것인지에 의문을 제기합니다. 게다가 이중 상당수 호텔은 향후 10년 동안 경쟁력을 유지시켜줄 설비가 부족하다고 분석가들은 말합니다. 베이징 당국자들은 관광 업계에 다른 노력을 쏟아부을 필요가 있다는 점을 이해해야 합니다.

정답 1a2b3c

● **star-graded** 별 등급이 매겨진, 일류의(호텔은 별의 개수로 등급을 결정한다)
occupy 차지하다, 점령하다, 종사하다　　**furthermore** 더군다나, 그 위에, 더구나
competitive 경쟁의, 경쟁할 수 있는

듣고 받아써보자

답안을 커닝하면 아무런 학습효과도 볼 수 없습니다. 답안을 가리고 받아쓰기에 임하세요.

1.   After 35 years of inconsistent romance _____ ,
     Prince Charles and his lover are finally married.

2.   During the humble ceremony, Prince Charles' sons took center
     stage as people wanted to witness _____ .

3.   The 9-week long show _____ .

4.   Viewers can watch the contestants 24 hours a day, as they live in
     a home _____ .

5.   Organizers say too many viewers _____
     and eventually crashed it.

6.   This _____ that week.

7.   Some claim that the show is so popular because
     _____ similar to themselves.

8.   Beijing already has 600 star-graded hotels, but Beijing Olympic
     organizers _____ in the next three years.

9.   Furthermore, analysts are saying that many of these hotels lack
     the facility _____ .

10. Beijing officials need to understand that
     _____ their tourism industry.

정답 1 filled with scandal and heartbreak 2 how they would react to their father's marriage 3 has become the country's latest sensation 4 equipped with 60 cameras 5 tried to vote on the system 6 resulted in no contestants getting voted off 7 the public want to witness the reality of others 8 want to add 200 more 9 to remain competitive over the next decade 10 other efforts need to be put into

한글 문장들을 영어로 바꿔 말해보세요. 혹시 잘 모르겠어도 일단 용감하게 도전해보세요.

1. 시청자는 60대의 카메라가 설치된 집에서 생활하는 경쟁자들을 24시간 볼 수 있습니다.

2. 그 결과에 따라 그 주에는 투표를 거쳐 탈락된 경쟁자가 없었습니다.

3. 9주에 걸쳐 방송된 이 쇼는 이제 이 나라의 화제가 되었습니다.

4. 그러나 시장 전문가들은 2008년 올림픽이 끝날 즈음 얼마나 많은 방이 나갈 것인지에 의문을 제기합니다.

5. 일각에서는 대중이 자신과 비슷한 타인의 실제 생활을 엿보는 것을 좋아하기 때문에 이 쇼가 그렇게 많은 인기를 얻는다고 주장합니다.

6. 스캔들과 심적 고통으로 점철된 35년간의 불연속적인 로맨스 끝에, 찰스 왕세자와 그의 연인은 마침내 결혼했습니다.

7. 베이징에는 이미 600개에 이르는 일급 호텔이 있지만, 베이징 올림픽 조직위원회 측은 향후 3년 동안 200개를 추가로 건설하려 합니다.

8. 제작 관계자들은 투표에 참여하려는 사람들이 너무 많이 몰리는 바람에 시스템이 다운되기도 했다고 밝혔습니다.

정답 1 Viewers can watch the contestants 24 hours a day, as they live in a home equipped with 60 cameras. 2 This resulted in no contestants getting voted off that week. 3 The 9-week long show has become the country's latest sensation. 4 But market analysts wonder just how many rooms will remain occupied at the end of the 2008 Olympic Games. 5 Some claim that the show is so popular because the public want to witness the reality of others similar to themselves. 6 After 35 years of in-consistent romance filled with scandal and heartbreak, Prince Charles and his lover are finally married. 7 Beijing already has 600 star-graded hotels, but Beijing Olympic organizers want to add 200 more in the next three years. 8 Organizers say too many viewers tried to vote on the system and eventually crashed it.

1. 듣고 풀자

청취 지문은 절대로 커닝하지 말고 시험 보는 학생의 마음으로 진지하게 풀어보세요.

1) 인도의 결혼식 전통은?

a 바가지를 깬다.

b 금붙이를 착용한다.

c 월계관을 쓴다.

d 쌀을 던진다.

2) What is the reason for the falling sales of gold?

a The price of gold has escalated in the past year.

b Gold has lost its popularity among the people.

c The government has banned gold sales.

d Gold is perceived as a waste of money.

▲ escalate 오르다, 상승하다   ban 금지, 금지령

3) Why aren't Indians giving up on gold yet?

a They think the price is reasonable.

b They believe wearing gold is part of their culture.

c They want to show off their gold.

d They think gold has magical abilities.

▲ show off 자랑하다   reasonable 분별 있는, 온당한, 적당한
ability 능력, 재능, 기량

1. 다시 듣고 해석해보자

지문을 눈으로 읽어 내려가며 다시 한 번 집중해서 들어보세요.

The reason for the falling sales is very plain. The price of gold has risen 18% in the past year. But customers say they aren't ready to give up on gold because buying and wearing that precious metal is part of Indian culture. In India, wearing gold is a common tradition. Especially during wedding ceremonies, gold plays an important part in the ceremony. If you witness an Indian wedding you will notice the amount of gold that is necessary to stage a successful wedding.

(귀금속 관련) 매출 하락의 원인은 매우 간단합니다. 작년에 금값이 18%나 올랐기 때문입니다. 그러나 이 귀금속을 구입하여 몸에 착용하는 것은 인도 문화의 일부이므로 소비자들은 금을 포기할 준비가 되지 않았다고 말합니다. 인도에서는 금붙이를 착용하는 것이 일반적인 전통입니다. 특히 결혼식에서는 금이 중요한 역할을 합니다. 인도의 결혼식을 볼 기회가 있다면 멋진 결혼식을 올리는 데 필요한 금의 양을 보고 놀랄 것입니다.

정답 1b2a3b

○ plain 명백한, 알기 쉬운　ceremony 식, 의식, 의례

2. 듣고 풀자

청취 지문은 절대로 커닝하지 말고 시험 보는 학생의 마음으로 진지하게 풀어보세요.

1) 이 뉴스의 주제는 무엇인가?

a 자원 고갈

b 지구 온난화

c 동식물의 멸종 위기

d 불법 유전자 복제

2) What was claimed by the new study?

a The new study claimed many new habitats will be created for animals by 2050.

b The new study claimed hundreds of animals will be caught and moved to the zoo.

c The new study claimed many plants and animals will soon become extinct.

d The new study claimed global climate change will slow down by 2050.

▲ habitat 서식지　　extinct (불이) 꺼진, 사멸한, 멸종한

3) What is the natural way to ensure survival for animals?

a To have them cloned in the San Diego Zoo.

b To preserve their natural habitat.

c To rear them in a zoo.

d To allow them to adjust to climate changes.

▲ ensure 보장하다, 확보하다, 확실하게 하다　　preserve 보전(보존)하다, 유지하다

2. 다시 듣고 해석해보자

DAY - 30

지문을 눈으로 읽어 내려가며 다시 한 번 집중해서 들어보세요.

A new study claims that global climate change could lead to hundreds of plants and animal species going extinct by the year 2050. To solve this problem the San Diego Zoo has collected and stored live cells of thousands of animals. However, cloning is seen as the last solution to fend off extinction. The natural way to guarantee survival for these animals is through maintaining their native habitats. However due to the lack of concern for the environment in today's society, animal lovers have to resort to such unnatural methods to maintain these creatures survival.

새로운 연구에 따르면 지구의 기후 변화로 인해 2050년경에는 수백 종의 동식물들이 지구에서 멸종될 수도 있다고 합니다. 이 문제를 해결하기 위해, 샌디에이고 동물원은 수천 마리 동물에게서 살아 있는 세포를 채취하여 저장해두었습니다. 하지만 멸종을 막기 위한 마지막 해법은 복제로 여겨지고 있습니다. 이들 동물의 생존을 보장하기 위한 자연스러운 방법은 고유의 서식 환경을 유지시키는 것입니다. 하지만 현대 사회의 환경에 대한 관심 부족으로 인해, 동물 애호가들은 이런 멸종 위기의 생물들을 보존하기 위해 인위적인 방법에 의지해야 하는 실정입니다.

정답 1c2c3b

○ extinct 멸종된, 전멸한   guarantee 보증하다, 보장하다   fend off 저지하다
native 선천적인   habitat 서식지   resort 의지하다

256   3030 English 듣기 4탄

3. 듣고 풀자

청취 지문은 절대로 커닝하지 말고 시험 보는 학생의 마음으로 진지하게 풀어보세요.

1) 쿠바 럼주 업계가 미국 시장 진출에 어려움을 겪는 이유는?

a   물리적 거리 때문에

b   문화 격차 때문에

c   정치적 문제 때문에

d   관세 문제 때문에

2) All of the following information about rum are given EXCEPT _____.

a   Mojitos originated in Cuba

b   Cuban rum has a strong flavor

c   Cuban rum is 100% natural

d   it is a part of Cuban culture

▲   rum 술의 종류   originate 시작하다, 근원이 되다, 일어나다, 생기다

3) What is the Cuban rum industry aiming to do?

a   It is hoping to improve the taste of rum.

b   It is aiming to outsell all other forms of alcohol.

c   It is aiming to create a famous rum cocktail.

d   It is aiming to enter new markets in Asia.

3. 다시 듣고 해석해보자

DAY - 30

지문을 눈으로 읽어 내려가며 다시 한 번 집중해서 들어보세요.

Most rum lovers know that famous rum cocktails like Daiquiri and Mojitos originated in Cuba. Cuban rum is not only 100% natural, it's also an extension of Cuban culture. In fact what is being offered is nothing less than the liquid taste of Cuba. The Cuban rum industry is aiming to venture into China and other new markets. One of the biggest problems that Cuban rum producers face is that they have a difficult time entering the American market. The poor political relationship between these two countries prevent these producers from taking advantage of the world's largest alcohol market.

럼주 애호가들은 대부분 다이키리나 모히토 등의 유명한 럼 칵테일이 쿠바에서 유래됐다는 사실을 알고 있습니다. 쿠바산 럼주는 100% 천연원료를 사용했을 뿐 아니라 쿠바 문화의 연장이기도 합니다. 사실 지금 상품으로 내놓고 있는 것은 바로 쿠바의 술맛입니다. 쿠바의 럼주 업계는 중국을 비롯한 여타 신규 시장에도 진출하는 것을 목표로 하고 있습니다. 쿠바 럼주 업계가 직면한 가장 큰 문제 중 하나는 미국 시장 진출에 어려움을 겪고 있다는 것입니다. 양국 간의 정치적 관계가 좋지 못하여 쿠바의 럼주 제조업계가 세계 최대의 주류 시장을 이용하지 못하고 있는 것입니다.

정답 1c2b3d

● extension 연장   aim 목표로 하다, 겨냥하다   liquid 액, 액체의
prevent 막다, 방해하다

듣고 받아써보자

답안을 커닝하면 아무런 학습효과도 볼 수 없습니다. 답안을 가리고 받아쓰기에 임하세요.

1.   the falling sales is very plain.
   The price of gold   .

2. But customers say they aren't
   because buying and wearing that   .

3. Especially during wedding ceremonies, gold plays
          .

4. If you witness an Indian wedding you will notice the amount of
   gold that   .

5. A new study claims that global climate
   and animal species   .

6. To solve this problem the San Diego Zoo   .

7. However, cloning is seen   .

8.   these animals is through maintaining
   their native habitats.

9.   that famous rum cocktails like Daiquiri
   and Mojitos originated in Cuba.

10. Cuban rum is   it's   .

정답 1 The reason for, has risen 18% in the past year 2 ready to give up on gold, precious metal is part of Indian culture 3 an important part in the ceremony 4 is necessary to stage a successful weddings 5 change could lead to hundreds of plants, going extinct by the year 2050 6 has collected and stored live cells of thousands of animals 7 as the last solution to fend off extinction 8 The natural way to guarantee survival for 9 Most rum lovers know 10 not only 100% natural, also an extension of Cuban culture

바꿔 말해보자

한글 문장들을 영어로 바꿔 말해보세요. 혹시 잘 모르겠어도 일단 용감하게 도전해보세요.

1. 그러나 이 귀금속을 구입하여 몸에 착용하는 것은 인도 문화의 일부이므로 소비자들은 금을 포기할 준비가 되지 않았다고 말합니다.

2. 인도에서는 금붙이를 착용하는 것이 일반적인 전통입니다.

3. 특히 결혼식에서는 금이 중요한 역할을 합니다.

4. 새로운 연구에 따르면 지구의 기후 변화로 인해 2050년경에는 수백 종의 동식물들이 지구에서 멸종될 수도 있다고 합니다.

5. 이들 동물의 생존을 보장하기 위한 자연스러운 방법은 고유의 서식 환경을 유지시키는 것입니다.

6. 쿠바산 럼주는 100% 천연원료를 사용했을 뿐 아니라 쿠바 문화의 연장이기도 합니다.

7. 사실 지금 상품으로 내놓고 있는 것은 바로 쿠바의 술맛입니다.

8. 쿠바의 럼주 업계는 중국을 비롯한 여타 신규 시장에도 진출하는 것을 목표로 하고 있습니다.

정답 1 But customers say they aren't ready to give up on gold because buying and wearing that precious metal is part of Indian culture. 2 In India, wearing gold is a common tradition. 3 Especially during wedding ceremonies, gold plays an important part in the ceremony. 4 A new study claims that global climate change could lead to hundreds of plants and animal species going extinct by the year 2050. 5 The natural way to guarantee survival for these animals is through maintaining their native habitats. 6 Cuban rum is not only 100% natural, it's also an extension of Cuban culture. 7 In fact what is being offered is nothing less than the liquid taste of Cuba. 8 The Cuban rum industry is aiming to venture into China and other new markets.